I0150151

Beate Helm

Psychologische Astrologie

Ausbildung Band 9

Waage - Venus

Weiblichkeit - Partnerschaft – Liebe –
Attraktivität

Satya-Verlag

Titelbild: Christos Georghion (fotolia.com)
Horoskopzeichnungen   erstellt   mit   dem   Programm
Astrocontact Astroplus (www.astrocontact.at)

Haftungsausschluss

Die Benutzung dieses Buches und die Umsetzung der darin enthal-
tenen Informationen erfolgt ausdrücklich auf eigenes Risiko. Der
Verlag und die Autorin können für Schäden jeder Art, die sich bei
der Anwendung der in diesem Buch aufgeführten Informationen,
Empfehlungen und Übungen ergeben, aus keinem Rechtsgrund
eine Haftung übernehmen. Haftungsansprüche, Rechts- und Scha-
denersatzansprüche sind daher ausgeschlossen. Für die Inhalte von
den in diesem Buch abgedruckten Internetseiten sind ausschließ-
lich deren Betreiber verantwortlich. Verlag und Autorin distanzieren sich daher von allen fremden Inhalten. Zum Zeitpunkt der
Verwendung waren keinerlei illegalen Inhalte auf den Webseiten
vorhanden.

ISBN: 3-944013-36-0
ISBN-13: 978-3 944013-36-7

WICHTIGE HINWEISE

Die in dieser Buchreihe aufgeführten Methoden, Therapien und Übungen dienen der Persönlichkeitsentwicklung und Selbstheilung. Sie unterstützen darin, Bewusstheit in sein Leben zu bringen und eigenständig seine inneren Potenziale umzusetzen.

Mit der Heilung oder Linderung körperlicher Beschwerden und psychischer Erkrankungen können diese Methoden und Übungen nicht in Zusammenhang gebracht werden. Wenn in dem vorliegenden Buch in der Medizin gebräuchliche Begriffe wie Heilung, Therapie oder Diagnose verwendet werden, so ist dies nicht im Sinne der Schulmedizin und des Heilpraktikergesetzes, sondern im auf den seelisch-geistigen Bereich übertragenen Sinn zu verstehen.

INHALTSVERZEICHNIS

DANK

Mein Dank gilt in der Astrologie sehr vielen Autoren, die mich in den letzten 30 Jahren inspiriert haben. Eingestiegen bin ich mit Wolfgang Döbereiner. Am meisten beeinflusst hat mich immer wieder Peter Orban. Besonders danke ich meinen Eltern Karl und Irene und meinen Geschwistern Uwe und Claudia, die auf meinem sehr unkonventionellen Lebensweg immer fest an meiner Seite standen.

A

1. ZUORDNUNGEN UND VERWIRKLICHUNGSFELDER

Grundeigenschaften

- Aufbau seiner Art von Partnerschaft
- Harmonie und Ausgleich schaffen
- Attraktivität und Schönheit für sich definieren
- Sinn für Stil, Kunst und Ästhetik

Aktive Form

- Seine Art des Partnerseins erkennen und umsetzen
- Die Eigenschaften der Venus, insbesondere des 7. Hauses als Voraussetzung für eine erwachsene Partnerschaft selbst entwickeln
- Eine eigene Beziehungsform gemäß der Venusanalyse für sich schaffen
- Seine Art, das andere Geschlecht anzuziehen und anziehend zu finden
- Seine besonderen Fähigkeiten, die man vor allem in eine Partnerschaft einbringen und dort entfalten kann
- Eigenschaften, die man mit Lieben und geliebt werden verbindet
- Gleichgewicht, Ausgleich schaffen (zuerst in sich selbst zwischen seinen verschiedenen Persönlichkeitsanteilen und dann im Umfeld)
- Harmonie herstellen (z. B. auch zwischen innerem Plan und nach außen gezeigtem Selbstausdruck)
- Fähigkeit, zu geben und anzunehmen

- Fähigkeit, sich auf eine andere Person zu beziehen
- Kompromissfähigkeit
- Taktgefühl; diplomatisches Geschick
- Höflichkeit, Freundlichkeit, Entgegenkommen
- Geschmack, Stil
- Seine Form der Attraktivität und Schönheit erkennen und entfalten
- Sinn für Kunst
- Kultiviertheit, Eleganz, Feinheit
- Die Geliebte (weibliche Form der Liebhaberschaft) in Mann und Frau.
- Schlichten, Ausgleich schaffen
- Abwägen; beide Seiten mit einbeziehen
- Versöhnen; Frieden schließen.

Passive Form

- Seine Venusqualitäten auf den Partner projizieren
- Das Beziehungsglück von außen erwarten
- Den Zustand der Partnerschaft allein auf den Partner abwälzen
- Vom Partner etwas erwarten, was man selbst gar nicht einbringt (und was er - als Spiegel - dann auch nicht einbringen kann und wird)
- Vom Mann aus: die Venuseigenschaften bei der Frau suchen, anstatt sie selbst zu entwickeln
- Vom Partner ergänzt werden zu müssen
- Sich von der Mode seinen Geschmack diktieren lassen
- Dem allgemeinen Schönheitssinn folgen
- Unentschlossenheit
- Künstliche Dauerfreundlichkeit, um Konfrontationen aus dem Weg zu gehen

- Vergeistigung

Entsprechungen in der körperlichen Erscheinung

- Geschmack- und stilvoll bekleidet
- Anmutig, elegant
- Kultiviertes Auftreten
- Klassische Schönheit
- Modisch chic

Körperliche Zuordnungen

- Nieren
- Harnleiter
- Innersekretorischer Teil des Pankreas (Insulin)

Krankheitsdispositionen

- Erkrankungen in erster Linie der Nieren, in zweiter Linie der Haut
- Krankhafter Blutzuckerspiegel (Diabetes)

Empfehlenswerte Therapieformen

- Partnerschaftsanalyse, -beratung
- Therapien, die kultiviert oder zu zweit ablaufen
- Über die Art des Partners und der gegenwärtigen Beziehung sich selbst kennenlernen
- Bei Unentschlossenheit sich klare Pläne und Stellungnahmen erarbeiten
- Polaritymassage, Shiatsu, T'ai chi, Qi Gong

- Kunsttherapie

Zuordnungen aus der Natur und Naturheilkunde

Farbe:
- rosa

Ätherische Öle
- Rose
- Rosenholz

Blütenessenzen
- Agrimony
- Chicory
- Holly
- Alpine Lily
- Bleeding Heart
- Deerbrush
- Love-Lies-Bleeding
- Oregon Grape
- Pink Monkeyflower
- Pretty Face
- Quince
- Yellow Star Tulip.

Metall
- Kupfer

Edelsteine
- Rosenquarz
- Rhodonit
- Kunzit

Atemübung

- Durch den Mund tief in die Nieren einatmen,
- Luft 5 Sekunden anhalten,
- durch den Mund wieder langsam ausatmen,
- 5 Sekunden Atempause.

Körperübungen

- Übungen, die den körperlichen Gleichgewichts-
sinn fordern, um somit über den Körper das Gefühl für Balance zu erfahren; harmonisierende
Körperübungen. In beiden Fällen eignen sich Yo-
ga-Asanas (Hatha heißt Sonne und Mond, d.h. es
wird beim Hatha-Yoga der Ausgleich zwischen
männlichen und weiblichen Energien angestrebt)
oder Formen des T'ai Chi, die auch von ihren äs-
thetischen Bewegungen her der Waage-Energie
liegen und zugute kommen.

Kunsttherapie

- Tanztherapie: Paartänze, in denen ästhetischer
Ausdruck im Vordergrund steht.

- Musiktherapie: rezeptive und aktive Form: leichte,
harmonisierende Musik; Musizieren mit dem
Partner.

- Biblio- und Poesietherapie: Liebesromane mit
happy-end; Literatur über Beziehungsthemen und
Partnerschaftsformen; Bücher über Schönheit, Attraktivität und Kunst; edle Bildbände - entweder

lesen oder selbst schreiben.

-   Filmtherapie: Liebesfilme mit allen möglichen Beziehungsversionen, die jedoch stets gut enden sollten; Filme über Partnerschaftsangelegenheiten und Beauty.

Projektionsflächen/Möglichkeiten zum symbolischen Ausleben

-   Partner/in
-   Die Beziehung, der/die Märchenprinzessin, der/die Liebhaber/in
-   Rendevouz
-   Frauen
-   Schönheitsfarmen
-   Mode, Modezeitschriften
-   Kosmetik und Schminke
-   Farb- und Stilberatung
-   Garderobe/Bekleidung als Mittel des Selbstausdrucks
-   Jede Form von Waagen
-   Kunst

Grundangst

-   Nicht geliebt und schön gefunden zu werden
-   Nicht attraktiv genug zu sein
-   Heftige Konfrontationen
-   Sich auf eine Seite schlagen zu müssen; Stellung zu beziehen.

Abwehrmechanismen

- Der Partner ist an allem die Schuld.
- Der Partner ist für das Gelingen der Beziehung zuständig.
- Der Partner ist nicht offen und liebevoll genug, deshalb funktioniert die Beziehung nicht.
- Wenn der Partner sich ändern würde, wäre alles in Ordnung.
- Wer genügend Selbstbewusstsein hat, kann auch in alten, gammeligen Klamotten herumlaufen.
- Es kommt nur auf die inneren Werte und die innere Schönheit an.
- Schminken ist etwas für Modepuppen.
- Freundlichkeit ist künstlich und Heuchelei.
- Kompromisse schließen nur Schwächlinge.

Lösung

= Grundförderung des Prinzips

- Seine Beziehungsform und Art des Partnerverhaltens bewusst entwickeln.
- Schönheit und Attraktivität für sich persönlich definieren und entsprechend entfalten.
- Gleichgewicht innerhalb seiner Persönlichkeitsanteile herstellen und damit auch im Äußeren anziehen und schaffen können.
- Harmonie zwischen innerer Matrix und Lebensart herstellen sowie in seiner Umgebung bzw. dort, wo die Venus wirkt.

DIE VERWIRKLICHUNGSFELDER

1. Attraktivität und Schönheit

Meine individuelle Sicht- und Entfaltungsweise davon.

2. Beziehungsart

Was steht in einer Partnerschaft für mich an erster Stelle, was macht sie für mich aus; wie stelle ich mir meinen Traumpartner vor (in Projektion) bzw. was muss ich in mir entfalten, um selbst diese Rolle zu spielen und nicht länger auf die Erfüllung von außen zu warten?

3. Zeichen für Liebe

Wodurch demonstriere ich meine Liebe bzw. was kann ich am besten als Zeichen der Liebe vom anderen annehmen?

4. Die Weiblichkeit

Wie sieht (im Gegensatz zur mütterlich-fürsorglichen = Mond) die fraulich-weibliche (die Geliebte als Gegenüber zum Mars) Seite in mir aus?

5. Herstellung des inneren Gleichgewichts

Wie kann ich in mir und damit auch in meiner Umgebung Gleichgewicht und Ausgleich herstellen?

6. Lieblingsprojektionen

Auf welche Menschen oder Situationen projiziere ich nicht bewusst gelebte Waage-Venusenergie; welches sind typische passive Manifestationen? Wie sehen die Krankheitsdispositionen dieser Konstellation aus?

2. DIE 12 WAAGE-VENUS-KONSTELLATIONEN

1. WAAGE-VENUS - MARS

Tierkreiszeichen Waage im 1. Haus / Tierkreiszeichen Widder im 7. Haus
Venus im Widder (Mars in der Waage)
Venus im 1. Haus (Mars im 7. Haus)
Aspekte zwischen Venus und Mars
Aspekte zwischen Venus und AC

Essenz

Beziehungsfähigkeit und Attraktivität durch Kampfgeist, Impulsivität und Initiative.

Grundspannung

Kompromissbereitschaft, Harmoniebestreben, Beziehungswunsch --- Durchsetzung der Eigeninteressen; Kampfeslust; selbstbezogen.

Lösung

Einsatz seiner Kompromissbereitschaft und Freundlichkeit, um sich durchzusetzen und seinen Willen zu bekommen.
Nutzung von Durchsetzungs- und Tatkraft, um Harmonie

herzustellen und sich eine Beziehung aufzubauen.

Selbstbild

Ich setze mich durch und verfüge über Tatkraft und Initiative, deshalb kann ich eine Beziehung gestalten und fühle mich attraktiv.

1. Attraktivität und Schönheit

Dynamisch-fit

Die Venus/Mars-Persönlichkeit verbindet Attraktivität mit einem hohen Maß an Dynamik und Aktivität. Sie findet sich und andere anziehend, wenn sie sportlich durchtrainiert, energiegeladen und voller Tatkraft und Impulsivität sind. Zu ihr passen daher eine schlanke, leicht muskulöse, drahtige Figur, kurze oder zumindest unkomplizierte Haare und bei der Kleidung leuchtende, strahlende Farben sowie Schnitte, die den nicht gerade geringfügigen Triebpegel demonstrieren.

Sie steht auf Natürlichkeit, wenig Schminke oder wenn, dann in recht auffallender Weise. Ihrem Wesen entsprechend wären auch rote, lange, den Kampfgeist symbolisierende Krallen/Fingernägel, sofern sie nicht zu sehr den Aktivitätsdrang einschränken, da man ständig aufpassen muss, dass sie nicht abbrechen oder anderweitig der etwas robusten Lebens- und Liebensart zum Opfer fallen.

Der Mann mit Widder-Venus zeigt sich ebenfalls gern in unübersehbarem strahlenden rot und lässiger Sportlichkeit, voller Tatendrang und Initiative. Attraktivität wird demnach in erster Linie mit Muskelkraft, hohem Energiepotenzial und Fähigkeit zu Aktivität, Initiative und Durchsetzungskraft gleichgesetzt.

2. Beziehungsart

Triebkraft und Herausforderung

So gesehen muss der Traumpartner natürlich auch jede Art von körperlicher Fitness und Potenz an den Tag legen, so wie man selbst diese Werte in einer Beziehung entwickeln und zur vollsten Entfaltung bringen kann und sollte.

Die Venus/Mars-Persönlichkeit braucht eine Partnerschaft, die immer wieder eine neue Herausforderung darstellt und ihren Kampfgeist weckt. Entweder die Partner haben ein gemeinsames Ziel, für das sie streiten und ihre Tatkraft zum Einsatz bringen, oder aber sie bekämpfen sich gegenseitig.

Wird der Aggressionsdruck zu hoch zwischen beiden, so empfiehlt sich die marsgerechte Entladung über die Sexualität, und der Tag sieht gleich ganz anders aus. Eine gesunde, direkte und eine Abreaktion ermöglichende Körperlichkeit stellt eine wichtige Grundsubstanz, ja ein Muss für eine widderhafte Beziehung dar. Stockt der sexuelle Austausch, ist mit zunehmender Wut und Bissigkeit auf anderen Ebenen zu rechnen, wird das Zusammengehörigkeits- und Verbundenheitsgefühl gestört.

Wichtig sind daher auch gemeinsame sportliche oder anderweitig körperliche Aktivitäten. Wird Sex und Sport ausgiebig ausgeführt, kommt Entspannung auf und die Beziehung braucht nicht länger zum Schlachtfeld oder zur Kampfarena zu werden wie bei einer Blockade dieser wichtigen Marsbereiche.

Die Venus/Mars-Persönlichkeit braucht Action in ihrer Partnerschaft und sollte ihre Fähigkeit erkennen und nutzen, diese einzubringen, anstatt auf Aktivitäten des Partners zu warten. Sie liebt es außerdem, mit diesem Initiativen zu starten und sich in völlig neue Bereiche vorzuwagen, d.h. ohne große Überlegung und Planung Neuland zu betreten und zu erkämpfen.

3. Zeichen für Liebe

Der Eroberungskampf

Hier taucht erneut die Widder-Romantik des Duells und Ritterturniers auf. Man will im Kampf und vollen Einsatz der körperlichen Kräfte erkämpft werden oder selbst voller Wagemut und Risikobereitschaft zum Kampf antreten. Der Werbeakt kommt einem Eroberungsfeldzug gleich und je schwerer die Beute zu bekommen ist, umso reizvoller erscheint sie.

In jungen Jahren tendiert die Venus/Mars-Persönlichkeit dazu, an dem gerade Errungenen schnell wieder das Interesse zu verlieren und sich nach neuen Herausforderungen umzusehen. Mit der Zeit lernt sie, den ergatterten Partner und die aus ihrer schnell und auf den ersten Blick entflammten Liebe entstandene Beziehung als Herausforderung zu betrachten oder selbst immer wieder eine solche daraus zu gestalten. Am besten werden gemeinsame Ziele formuliert, die man mit gewetzter Klinge anvisiert und auf sie zustürmt.

Die Venus-Mars-Persönlichkeit fühlt sich geliebt, wenn sie beim Partner die Bereitschaft spürt, alles zu wagen, um die Beziehung zu beginnen und zu erhalten, und sich mit flammendem Schwert in Gefahren vor sie zu stellen. Sie will sich sicher sein, dass er mit aller Kraft für diese Verbindung kämpfen würde. Auch die gegenseitige Unterstützung in Initiativen und bei dem Tatendrang, die Eigeninteressen durchzusetzen, stellt für sie ein Zeichen von Liebe dar.

Natürlich zeigt sie in gleicher Weise ihre Zuneigung, wie sie es sich von außen wünscht. Sie sieht sich gerne in der aktiven Rolle in der Partnerschaft, wartet nicht darauf, bis ein Angebot kommt, sondern prescht selbst vor, um ihr Bedürfnis nach Zusammensein direkt und unübersehbar zum Ausdruck zu bringen.

Auch diese direkte, ehrliche und impulsive Form des Umgangs miteinander ist für sie ein Symbol echter Verbundenheit, ebenso wie das ständige körperliche Verlangen nach dem anderen.

4. Die Weiblichkeit

Die sportliche, impulsive Frau

Die Weiblichkeit der Venus/Mars-Persönlichkeit entspricht nicht gerade dem üblichen Mutter-Beimer-Frauenbild. Sie ist eher gekennzeichnet durch ein klares "selbst ist die Frau"-Motto (auch im Mann mit dieser Konstellation). Es ist ihr wichtig, Ziele und Herausforderungen für sich zu formulieren, um einen Angriffspunkt für ihren hohen Energiepegel zu haben.

Sie macht gerne den Anfang, sei es in der Eroberung des anvisierten Partners oder bei anderen Projekten, die sie elanvoll und voller Begierde angeht.

Es ist wichtig, der Entfaltung, ihrer Körperlichkeit genügend Aufmerksamkeit zu widmen und sportlich und sexuell ausreichend Ventile zu haben, um Dampf abzulassen und ihre Bedürfnisse sofort befriedigt zu bekommen.

Sie sieht sich gerne als die Frau der ersten Stunde, die mit Mut und vollem Risikoeinsatz Pionierarbeit leistet und ein neues Objekt aus dem Boden stampft oder erkämpft. Sie benötigt ständig die Möglichkeit, etwas Neues zu starten und nicht in Routinetätigkeiten hängen zu bleiben. Anfänge sind ihre Stärke, weniger die langfristige Ausführung.

Etwas überzogene Versionen dieser Konstellationen stellt das leicht bartbehaarte Mannweib, Miss Universum, Brunhilde in Höchstform oder ein schlichter Trampel im Porzellanladen dar.

5. Herstellung des inneren Gleichgewichtes

Körperlichkeit

Ist die Venus/Mars-Persönlichkeit in ihrem Leben aus dem Gleichgewicht geraten, kann sie mit Leichtigkeit mit Hilfe körperlicher Aktivitäten wieder zu ihrer Mitte finden. Hierzu eignen sich besonders Gewaltakte, die ihre ganze Kraft mobilisieren und damit wieder vollkommen in Kontakt mit ihrem Körper bringen.

Der zweite wesentliche Bereich, um zurück zur inneren Harmonie zu gelangen, sind neuartige Aktivitäten, der Start von Pilotprojekten oder jede Form von Dynamik und Unternehmung, in der sie eine Herausforderung wittert.

Daneben ist es eine Wohltat, sich von der Moral und Artigkeit (seiner selbst und der darauf projizierten Außenwelt) zu befreien und in vollem Elan und wilder Ursprünglichkeit ihre Wut und Aggressivität zu leben oder sie in peppige Bewegungsmeditationen (Karate, Kung Fu etc.) zu kanalisieren mit dem Vorteil, niemanden dabei zu schädigen, sondern sein inneres Wesen, seinen derzeitigen Zustand der überschäumenden Kraft zur Meditation werden zu lassen.

6. Lieblingsprojektionen

Negatives Frauen- wie Partnerbild: Aggressor, verroht, zu maskulin, gefühllos, egoistisch, trampelig, kann nichts annehmen, brutal, gewalttätig, selbstbezogen.

Auf körperlicher Ebene als Zeichen der passiven Manifestation: Entzündungen, blutige Erkrankungen der Nieren. Erkrankungen im Kopfbereich aufgrund von Partnerschaftsproblemen.

Konkrete Förderungen der Waage-Venus/Mars-Persönlichkeit

- Sich den Partner aktiv erobern

- Ihre Zuneigung direkt und ehrlich zum Ausdruck bringen

- Viele gemeinsame körperliche und insbesondere sexuelle Aktivitäten in der Partnerschaft

- Starke körperliche Beziehung zum Partner

- Innerhalb der Partnerschaft Initiativen ergreifen

- Beziehungen, die eine Herausforderung darstellen

- Tatkraft und Kampfgeist in der Partnerschaft entwickeln

- Sich gegenüber dem Partner durchzusetzen wissen

- Ihre Weiblichkeit in Aktivität, Sportsgeist und der Fähigkeit zu Neuanfängen erkennen und entwickeln

- Sich als die starke, kämpferische, agile, dynamische und impulsive Frau erfahren und entfalten

- Sich nicht nach der gemeinhin gern gesehenen Weiblichkeit ausrichten (Lady, Weichheit, Hingabe, mit dem Hintern wackelnde Marilyn Monroe, Rubensfigur etc.), sondern die eigene Weiblichkeitsart mit aller Kraft entwickeln, auch wenn eine Menge Männer angstvoll von dannen eilen. Es bleiben noch wenige mutige übrig, die ein Stelldichein wagen.

- Sich als aktive, durchtrainierte, körperlich topfite Persönlichkeit schön und attraktiv finden, wie auch in ihrer Fähigkeit, Initiativen zu starten und für ihre Interessen mit dem Kopf durch die Wand zu gehen.

ÜBUNGEN A

1. Fassen Sie die Venus/Mars-Weiblichkeit kurz zusammen.

2. Wie kann die Venus/Mars-Persönlichkeit ihr inneres Gleichgewicht wiederherstellen?

3. Welche Art von Beziehung würden Sie bei folgenden Konstellationen empfehlen:
a. Venus im Widder im 3. Haus?
b. Venus in Konjunktion zur Sonne im Widder im 2. Haus?
c. Venus im Widder in Opposition zum Mond in der Waage?

2. WAAGE-VENUS - STIER-VENUS

Tierkreiszeichen Waage im 2. Haus / Tierkreiszeichen
Stier im 7. Haus
Venus im Stier (Venus in der Waage)
Venus im 2. Haus (Venus im 7. Haus)
Aspekte zwischen Venus und DC

Essenz

Beziehungsfähigkeit und Attraktivität mit Hilfe von Besitz, Eigenwert, Sicherheit und Abgrenzungsvermögen.

Grundspannung

Öffnung für eine andere Person --- Abgrenzung
Teilen wollen --- sich und seinen Besitz absichern

Lösung

Sich mit seiner Art der Beziehung nach außen abgrenzen
Mit dem Partner zusammen Geld verdienen und gemeinsam Absicherung schaffen.

Selbstbild

Ich habe meinen Fähigkeiten und Eigenschaften Wert zu-
gemessen und sie in Geld umgesetzt und verstehe es, mich
abzugrenzen, also bin ich in meinen Augen beziehungsfähig und attraktiv.

1. Attraktivität und Schönheit

Runde Formen / Geld satt

Die Venus/Venus-Persönlichkeit findet einen stabilen Körperbau mit insbesondere kräftigem Po, also eine Sicherheit vermittelnde Körperfigur anziehend. Das schlaksige Modell, das nicht einmal dem kleinsten Windhauch standhält, spricht dagegen nicht an. Der Partner - wie natürlich auch man selbst - soll Stabilität und eine feste Konsistenz auch schon auf körperlicher Ebene ausdrücken.

Die Venus/Venus-Persönlichkeit findet jede Form der sinnlichen Genussfreuden anziehend und strahlt auch ihre Fähigkeit aus, diese zu bereiten.

Des Weiteren haben nach ihrer Ansicht ausreichend Finanzen und Besitz ihren Reiz und sie umgibt sich gerne mit den teuersten und luxuriösesten Kleidern, Delikatessen und was die materielle Welt sonst noch an Annehmlichkeiten zu bieten hat.

Tiefer betrachtet stellt die Fähigkeit, seine Werte zu kennen, zu entwickeln, also das reale Selbstwertgefühl (und in Geld umzumünzen), sowie sich jeden Moment das Leben auf der Zunge zergehen lassen zu können, egal wie es gerade aussehen mag, ein Kriterium für Schönheit und Attraktivität dar.

2. Beziehungsart

Die sichere Partnerschaft

Als Venus/Venus-Persönlichkeit möchte man auf alle Fälle eine sehr solide, stabile Beziehung aufbauen. Der Partner wird fast schon als Besitztum betrachtet und am liebsten durch Ehe oder andere feste Verträge an sich gebunden. Das Sicherheitsverlangen auch auf finanzieller Ebene kann sich durch klare Eheverträge ausdrücken.

In der Partnerschaft steht die Fähigkeit zum sinnlichem, kulinarischen, sexuellen Genießen, zum gegenseitigen Versorgen mit Gelüsten jeder Art im Vordergrund. Man erwartet vom Partner eine gewisse materielle Orientierung und will mit ihm nicht nur eine feste Beziehung, sondern auch ein ansehnliches finanzielles Fundament schaffen. Ein ebenfalls wichtiger Faktor für den Bestand der Partnerschaft stellt das Maß an Abgrenzungsvermögen der beiden Beteiligten dar.

Auf eine solche Beziehung ist hundertprozentig Verlass, doch besteht langfristig, wie bei jeder Erdbeziehung die Gefahr, aus Sicherheits- und Bequemlichkeitsgründen an Verbindungen festzuhalten, die emotional vielleicht längst keine mehr sind.

3. Zeichen für Liebe

Versorgung und Festigkeit

Die Venus/Venus-Persönlichkeit fühlt sich geliebt und zeigt auch selbst gerne ihre Zuneigung durch materielle Geschenke, durch Dinge zum konkreten Anfassen. Rein emotionale Zuwendung ohne sichtbare Gaben überzeugen sie langfristig recht wenig. Es müssen nicht unbedingt hohe Summen investiert werden, sondern es kann sich auch um die Einladung zu einem guten Essen oder die rein körperlich-sinnliche Versorgung des anderen handeln.

Die Fähigkeit, zu verwöhnen und sich verwöhnen zu lassen, gemeinsam zu genießen und in ihrem Bedürfnis nach Sicherheit und Festigkeit verstanden zu werden, gehören weiterhin zu ihren Zeichen der Zuwendung, ebenso wie das Bemühen, den Partner in seinem Sicherheitsstreben und dem Aufbau eines realen Selbstwertgefühls zu unterstützen.

Die Venus/Venus-Persönlichkeit fühlt sich geliebt, wenn sie spürt, dass der Partner genauso daran arbeitet, der Beziehung eine sichere Basis zu verleihen, wie sie es selbst auch tut.

4. Die Weiblichkeit

Die reiche Frau

Die Weiblichkeit der Venus/Venus-Persönlichkeit ist durch die Fähigkeit gekennzeichnet, ihren Persönlichkeitsanteilen Wert zuzuerkennen und sich daraus ein echtes Selbstwertgefühl aufzubauen. Das macht den inneren Reichtum, die Basis für den Aufbau eines adäquaten äußeren Reichtums aus.

Sie entwickelt ihre Weiblichkeit am besten, wenn sie sich eigenständig einen materiellen Grundstock aufbaut und andererseits ihre Sinnlichkeit und Genussfreude entfaltet.

Auch die Fähigkeit, sich als eigene Persönlichkeit klar abzugrenzen und sich Sicherheit zu verschaffen, zählen zu ihrem Weiblichkeitspotenzial.

In extremer Form kann sie zu Sturheit, Inflexibilität und reiner Orientierung an Geld, Besitz und Finanzen neigen.

5. Herstellung des inneren Gleichgewichts

Eigentum

Will die Venus/Venus-Persönlichkeit ihr inneres Gleichgewicht wieder gewinnen, so geht sie am besten einkaufen, gönnt sich den Erwerb einer schon lange ersehnten Annehmlichkeit, lässt sich in einem guten Restaurant verwöhnen oder frönt ihren sinnlich-körperlichen Gelüsten.

Jede Transaktion in Bezug auf Finanzen und Kauf von Eigentum hilft ihr, in die Mitte zurückzufinden.

Auch schon alleine das Auflisten des gegenwärtigen Besitzes (sei es nun der innere oder äußere) tragen wesentlich dazu bei, dass wieder innere Ruhe und Harmonie entstehen.

Wichtig ist außerdem, sich ihr Revier klar abzustecken und ihre Persönlichkeit wie auch deren Besitztümer abzugrenzen und abzusichern (Art: siehe Stier-Venusanalyse).

6. Lieblingsprojektionen

Negatives Frauen- wie auch Partnerbild: Geizhals, rein geldorientiert; nur Besitz und materielle Ebene im Kopf; extremes Sicherheitsbestreben und damit verbundene Inflexibilität; Mangel an Wandlungsfähigkeit; genusssüchtig; Bequemlichkeit; Sturheit.

Auf körperlicher Ebene als Zeichen der passiven Manifestation: Erkrankungen im Hals/Nackenbereich aufgrund von Schwierigkeiten in der Partnerschaft und bzgl. der Weiblichkeit; Erkrankungen der Nieren aufgrund eines Mangels an Sicherheit, Abgrenzungsvermögen und Selbstwert.

Konkrete Förderungen der Waage-Venus/Stier-Venus-Persönlichkeit

- Sich an ihren sinnlich-rundlichen Formen erfreuen

- Sich eine sichere Beziehung aufbauen

- Genussfreude und Sinnlichkeit in ihre Beziehung einbringen

- Eine finanziell-materielle Verbundenheit zum Partner

- Abgrenzungsfähigkeit in der Partnerschaft entwickeln

- Ehevertrag oder Beziehung anderweitig durch Abmachungen im materiellen Bereich regeln

- Mit dem Partner zusammen Geld verdienen und anhäufen

- Mit Hilfe des Partners ihren Selbstwert erhöhen, bzw. besser: eigenen Selbstwert mitbringen und den Partner in dessen Selbstwertgefühl unterstützen

- Sinnliche und kulinarische Versorgung in der Beziehung selbst bieten und sich auch damit verwöhnen lassen

- Ihre Weiblichkeit durch materielle Ebene und Genussfähigkeit entfalten

- Innere Balance durch Erwerb von Eigentum, Stei-

gerung des Eigenwerts (siehe Stier-Venusanalyse)
und Genüsse jeder Art wiederherstellen

-   Das nährende Prinzip zur Entfaltung zu bringen.

ÜBUNGEN B

1. Wodurch fühlt sich die Venus/Venus-Persönlichkeit geliebt?

2. Was sind ihre Grundbedürfnisse in einer Partnerschaft, bzw. was macht ihre Haupteigenschaften als Partnerin aus?

3. Wie kann sie bei folgenden Konstellationen ihre Weiblichkeit am besten entwickeln:
a. Venus im Stier im 1. Haus?
b. Venus im Stier im 6. Haus?
c. Venus im Stier im Quadrat zur Sonne im Löwen?
d. Venus im Krebs im 2. Haus?

3. WAAGE-VENUS - ZWILLINGE-MERKUR

Tierkreiszeichen Waage im 3. Haus / Tierkreiszeichen
Zwillinge im 7. Haus
Venus in den Zwillingen (Merkur in der Waage)
Venus im 3. Haus (Merkur im 7. Haus)
Aspekte zwischen Merkur und Venus
Aspekte zwischen Venus und DC

Essenz

Beziehungsfähigkeit und Attraktivität durch Wissen und
Fähigkeit zu Kommunikation und Austausch.

Grundspannung

Zweier-Beziehung --- Offenheit nach allen Seiten
Freundlichkeit, Zuneigung, Harmoniestreben --- Neutra-
lität
Austausch von Liebe --- intellektueller Austausch

Lösung

Beziehung gestalten mit Hilfe seines Wissens und seiner
Kommunikationsfähigkeit, mit Hilfe seiner Offenheit und
Kontakte zu vielen anderen Menschen (den Erfahrungen
daraus).
Seine Zuneigung mit Worten und Versorgung mit Wissen
ausdrücken.

Selbstbild

Ich kann mich artikulieren und lese, schreibe und lerne sehr viel, deshalb kann ich meine Beziehung gestalten und fühle mich attraktiv.

1. Attraktivität und Schönheit

Redegewandt und klug

Die Attraktivität der Venus/Merkur-Persönlichkeit ist auf der geistigen Ebene angesiedelt. Es sind ihr Wissen, ihre Informiertheit, ihre Fähigkeit, verbale Kontakte zu knüpfen und sich im Gespräch darzustellen, die ihre Anziehungskraft ausmachen.

Was sie kennzeichnet, sind keine speziellen männlichen oder weiblichen Eigenschaften und optischen Auffälligkeiten, sondern ihre geistige Beweglichkeit und ihr Können, in Gesprächen zu vermitteln, alle Seiten aufzuzeigen und Objektivität einzubringen.

Sie zeichnet sich durch eine ausgeprägte Gestik und Mimik aus und ist in ständiger Bereitschaft zur Kommunikation, um Neues in Erfahrung zu bringen oder eigenes Wissen weiterzugeben.

Ihre Schlagfertigkeit und Auffassungsgabe, die Fähigkeit, nicht Partei zu ergreifen, sondern alle Versionen an Argumentationsmöglichkeiten zu Wort kommen zu lassen, sowie ihre Leichtigkeit im Denken und in ihrer Ausdrucksweise lassen sie in ihren Augen schön erscheinen und diese Fähigkeit macht auch andere für sie anziehend.

2. Beziehungsart

Plattform für Kommunikation

Die Venus/Venus-Persönlichkeit stellt sich natürlich auch als Partnerin als gesprächig, neugierig, wissensdurstig, ideenreich und klug dar. Sie bringt in erster Linie ihre intellektuellen und sprachlichen Fähigkeiten in die Partnerschaft ein.

Daher steht und fällt diese in ihren Augen mit der Möglichkeit zu einer ausgiebigen, immer wieder anregenden und ihre Neugierde weckende Kommunikation. Der Partner muss ihr contra geben können oder zumindest geistig ihren Redeschwällen und mentalen Ergüssen gewachsen sein.

Kann sie sich nicht ausreichend (und das ist bei ihr ein sehr hohes Maß) austauschen, fällt es ihr schwer, länger intensives Interesse an einer Person zu haben und Zuneigung zu entwickeln.

Die Partnerschaft wird dagegen lebendig gehalten, wenn genügend Gesprächsstoff von beiden Seiten geliefert wird, wenn geistige Inspiration stattfindet und man sich im Gespräch durch den Austausch mit dem anderen verbunden fühlen kann.

Die Beziehung findet in erster Linie auf der mentalen und Gesprächsebene statt.

3. Zeichen für Liebe

Geistige Verbundenheit

Unter besagten Umständen stellt jede Form der Kommunikation ein Beweis von Liebe und Zuneigung dar. Sei es der klassische Liebesbrief, das stundenlange Telefongespräch oder jede andere Bereitschaft, sich mit dem Partner ausgiebig zu besprechen.

Das Interesse an den Gedankengängen, den Sichtweisen und Meinungen des anderen sowie die Fähigkeit zuzuhören zählen genauso als Zeichen, den anderen zu mögen, wie anregender Gesprächsstoff, um eine Unterhaltung interessant am Laufen zu halten.

Es ist die geistige und verbale Verbundenheit, die das Band zwischen den Venus/Merkur-Liebenden knüpft.

4. Die Weiblichkeit

Geistige und sprachliche Beweglichkeit

Die Weiblichkeit der Venus/Merkur-Persönlichkeit wird durch ihr Wissen und ihre Wortgewandtheit zum Ausdruck gebracht. Sie zeigt sich demnach nicht in der klassischen Frauenkörperformdarstellung oder dem Hausmutterdasein, sondern in geistiger und rhetorischer Brillanz, in der Fähigkeit, Kontakte zu knüpfen, Unterhaltungen zu gestalten, sich ein weit reichendes Wissen anzueignen sowie über die Fähigkeit zu verfügen, dieses in interessanter Weise weiterzugeben.

Das Bedürfnis, immer Neues hinzuzulernen, lässt diese Persönlichkeit geistig nie stillstehen und daher auch nicht an Lebendigkeit verlieren. Sie weiß zu jeder Thematik etwas zu sagen, wenn es auch nicht immer von übermäßigem Tiefgang geprägt ist.

Die Aversion, Stellung zu beziehen, kann ein Mangel an Konturen entstehen lassen. Dafür bleibt die Unterhaltung sachlich und es kommt zu keinen größeren extremen Auseinandersetzungen. Zumindest wird sie mit ihrem neutralitätsorientierten Wesen alles versuchen, dieses zu vermeiden.

Wenn sie ihre Weiblichkeit mehr entfalten möchte, sollte sie daher ein weites Spektrum an Informationen und Wissen sammeln und parat haben und sich auf allen möglichen Wegen in Wort und Schrift ausdrücken.

5. Herstellung des inneren Gleichgewichts

Austausch

Will die Venus/Merkur-Persönlichkeit ihre innere Harmonie wiederherstellen, so sucht sie sich am besten einen Austauschpartner per Gespräch, Telefonat, E-Mail oder Briefwechsel. Sie muss in Worte fassen, muss sich von der Seele reden oder schreiben, was ihr Inneres durcheinander gewirbelt und sie aus ihrer Mitte geworfen hat.

Hat sie niemanden, mit dem sie sich aussprechen kann, so empfiehlt sich das Schreiben eines Tagebuches oder gar - bei einer größeren Krise - die Verarbeitung durch das Abfassen eines Artikel oder Buches.

Eine weitere Form, um wieder zur inneren Balance zu gelangen, stellt das Bewältigen eines großen Lernpensums oder die Vermittlung ihres Wissens dar.

6. Lieblingsprojektionen

Negatives Frauen- und Partnerbild: reiner Kopfmensch; überintellektuell; Plappermaul; nüchtern; reine Sachlichkeit; nur Denken statt Gefühl; Neutrum; blass und farblos, da ohne eigene Konturen und ohne Tiefgang; androgyn.

Auf körperlicher Ebene als Zeichen der passiven Manifestation: Erkrankungen des Stimmapparats und Atemsystems aufgrund von Beziehungsschwierigkeiten; Erkrankungen der Nieren als Zeichen mangelnden verbalen Austauschs und Problemen mit der Kontaktaufnahme. Magersucht/Bulimie als Aversion gegenüber der Weiblichkeit.

Konkrete Förderungen der Waage-Venus/Zwillinge-Merkur-Persönlichkeit

- Ihre Anziehungskraft in ihren geistigen und sprachlichen Fähigkeiten erkennen und entfalten

- Sich als gesprächige, wissende, gut informierte, neugierige Partnerin zeigen

- Einen weiten Raum für jede Form der Kommunikation in der Partnerschaft schaffen

- Als Partner geistig anregend sein und unterhalten

- Mit dem Partner eine geistige Verbundenheit suchen

- Ihre Zuneigung durch Zuhören, Reden, geistiges Interesse und Inspiration, durch Austausch jeder Art zeigen

- Ihre Weiblichkeit in ihren rhetorischen Fähigkeiten und ihrer Wortgewandtheit, in ihrem reichen Wissen und ihrer geistigen Beweglichkeit und Lebendigkeit erkennen und entwickeln

- Ihr inneres Gleichgewicht wiederherstellen durch jede Art der Kommunikation oder des Lernens und der Weitergabe von Wissen.

ÜBUNGEN C

1. Was macht die Attraktivität der Venus/Merkur-Persönlichkeit aus?

2. Wie kann sie ihr inneres Gleichgewicht wiederherstellen?

3. Welche Art von Beziehung entspricht folgenden Konstellationen:
a. Venus in den Zwillingen im 10. Haus?
b. Venus in den Zwillingen im Trigon zum Mars im Wassermann?
c. Venus in Konjunktion zum Mond im dritten Haus?

4. WAAGE-VENUS - MOND

Tierkreiszeichen Waage im 4. Haus / Tierkreiszeichen
Krebs im 7. Haus
Venus im Krebs (Mond in der Waage)
Venus im 4. Haus (Mond im 7. Haus)
Aspekte zwischen Mond und Venus
Aspekte zwischen Venus und IC

Essenz

Beziehungsfähigkeit und Attraktivität durch Gefühl, Fürsorge, Weichheit und Zärtlichkeit.

Grundspannung

Beziehung und Ästhetik --- Innenleben, Familienleben,
Geborgenheit

Lösung

Einbringen seines inneren Reichtums und seiner Gefühle
in sein Beziehungsleben und zur Entfaltung seiner Attraktivität.
Nutzung der Beziehung, um in seine innere Welt vordrin-
gen zu können.

Selbstbild

Ich bin in Kontakt mit meinen Gefühlen und meiner Innenwelt, daher kann ich eine Beziehung in meinem Sinne aufbauen und fühle mich attraktiv.

1. Attraktivität und Schönheit

Klassische Mütterlichkeit

Die Venus/Mond-Persönlichkeit, sowohl Mann als auch Frau, wird durch die Entwicklung ihrer Emotionalität, ihrer Empfindsamkeit und der Fähigkeit, sich selbst und damit auch anderen Geborgenheit zu vermitteln, attraktiv und wird auch selbst bei anderen durch diese Eigenschaften angezogen.

Sie fühlt sich schön durch weibliche Formen und eine verständnisvolle, fürsorgliche Ausstrahlung. Sie bevorzugt auch weiche, weite Kleidung, um ihre sanfte, gefühlvolle Weiblichkeit noch mehr zu unterstreichen.

Attraktivität heißt für sie, Gefühle zu zeigen, ein sehr zärtlicher Mensch zu sein und eher in ihrer Innenwelt zu leben als sich den Anforderungen in der Außenwelt zu stellen.

Venus/Mond-Persönlichkeiten verbinden Schönheit mit der Fähigkeit, eine erholsame, gemütliche, entspannende und sehr gefühlvolle, weiche Atmosphäre herzustellen und diese Energie auch als Mensch auszustrahlen.

2. Beziehungsart

Die gefühlvolle, innige Partnerschaft

Die Venus/Mond-Persönlichkeit ist in der Lage, eine sehr gefühlsgetragene, liebevolle Beziehung aufzubauen. Es ist ihr ein tiefes Bedürfnis, die Partnerschaft zu einem Hort der Geborgenheit und emotionalen Sicherheit werden zu lassen, ein Heim zu schaffen (sowohl innerlich als auch äußerlich), indem sich beide fallenlassen und sich gefühlsmäßig und in Zärtlichkeit umsorgen können.

Die Partnerschaft soll der Erholung und Entspannung dienen, bei der man keine großen Aktivitäten und Unternehmungen zu starten braucht, um zu gefallen.

Man geht in sensibler, fürsorgender Weise mit dem anderen um und zieht ein kuscheliges Beisammensein in den eigenen vier Wänden einer lautstarken, menschenüberfüllten Fete vor. Die Partner sind sich selbst genug und die Venus/Mond-Persönlichkeit wünscht sich viel Häuslichkeit, ein schönes gemeinsames Zuhause und vielleicht auch den Aufbau einer Familie zusammen mit ihrem Partner.

Die Partnerschaft stellt den Ort dar, in dem man seine Innenwelt erkunden und seine Gefühle zum Ausdruck bringen, in der man mit seinen innersten Regungen und Empfindungen auf Verständnis und eine beschützende Schulter zum Anlehnen rechnen (wie auch diese - als Voraussetzung - selbst bieten) kann.

3. Zeichen für Liebe

Geborgenheit schenken

Die Venus/Mond-Persönlichkeit fühlt sich von ihrem Partner geliebt und zeigt auch selbst ihre Zuneigung durch gefühlvolle Umsorgung, einen sensiblen Umgang miteinander und die Fähigkeit, dem anderen Geborgenheit zu vermitteln.

Auch das Verständnis für das Bedürfnis nach Häuslichkeit und Rückzug sowie dem Austausch inniger Zärtlichkeiten stellen für sie ein klares Zeichen von Zuneigung durch den Partner dar, ebenso wie der Wunsch nach einer gemeinsamen, gemütlichen Wohnung und nach Kindern.

Sie zeigt ihre Liebe, indem sie dem Partner hilft, sich zu regenerieren, sich von Druck und Anspannung zu erholen und eine tiefe emotionale Verbundenheit zu erfahren.

4. Die Weiblichkeit

Die Mutter

Die weiblichen Attribute der Venus/Mond-Persönlichkeit sind klassisch mütterlicher Natur. Sie entwickelt diese am besten, wenn sie ihre fürsorgliche Seite zum Ausdruck bringt, den Partner wie auch andere Mitmenschen mit Kochen, Gemütlichkeit, Wärme und Zärtlichkeit verwöhnt, ihnen Verständnis entgegenbringt und gefühlsmäßige Sicherheit vermittelt.

Sie drückt ihre Weiblichkeit durch Hingabe, Empfänglichkeit und Weichheit sowie die im Allgemeinen vorhandenen runden Formen ihres Körpers aus.

Auch die versorgende Rolle der Mutter ihrer Kinder stellt eine typische Art dar, ihre feminine Seite zu entfalten und zu demonstrieren. Eine überzogene Variante stellt das Heimchen am Herd dar, das sich ganz und gar auf die häuslichen Angelegenheiten des Lebens zurückzieht.

Weiter betrachtet bedeutet Mond auch, eine Insel der Entspannung für andere zu bieten und ein verständnisvoller, zärtlicher Mensch zu sein.

5. Herstellung des inneren Gleichgewichts

Heim und Rückzug

Will die Venus/Mond-Persönlichkeit wieder zu ihrem inneren Gleichgewicht zurückfinden, so zieht sie sich am besten in ihr Zuhause zurück oder begibt sich in eine sehr vertraute Umgebung, zu Menschen, auf deren Verständnis und Emotionalität sie sicher rechnen kann.

Auch ihre Familie, sei es nun die frühere Herkunftsfamilie oder eine selbst begründete eigene stellen Möglichkeiten dar, um in ihre Mitte zurück zu gelangen.

Ein sensibles, liebevolles Umfeld oder der vollkommene Abschluss von der Außenwelt sind am förderlichsten, um wieder eine Balance in ihrem Wesen zu schaffen, genauso wie ein tiefer, inniger Austausch von Gefühl und Zärtlichkeit.

Der Umgang mit Kindern wie auch die Arbeit mit dem eigenen inneren Kind sind weitere Wege, um das innere Gleichgewicht wiederherzustellen.

6. Lieblingsprojektionen

Negatives Frauen- und Partnerbild: Übermutter; Nur-Mutter; Heimchen am Herd; überempfindlich; altbacken; beim Mann: Muttersöhnchen, Waschlappen, Softie, Pantoffelheld; gefühlsduselig; Stubenhocker(in); zu fest in Heimat und Herkunftsfamilie verankert.

Auf der körperlichen Ebene als Zeichen der passiven Manifestation: Erkrankungen des Magens oder der weiblichen Geschlechtsorgane aufgrund von Schwierigkeiten in der Beziehung; Erkrankungen der Nieren aufgrund von emotionalen oder familiären Problemen.

Konkrete Förderungen der Waage-Venus/Mond-Persönlichkeit

- Ihre Attraktivität in ihrer fürsorglichen, mütterlichen Art und Weise erkennen

- Schönheit in Eigenschaften wie Empfindsamkeit, Zärtlichkeit und Weichheit sehen

- Sich eine sehe liebevolle, emotionale Beziehung aufbauen

- Den Partner bekochen und ihm ein gemütliches, entspannendes Heim und Nest bauen

- Beziehungen, die sehr auf Häuslichkeit und innige, gefühlsmäßige Verbundenheit aufgebaut sind

- Mit dem Partner eine Familie gründen oder anderweitig viel Umgang mit Kindern haben

- Mit Hilfe der Partnerschaft an der Heilung des inneren Kindes arbeiten

- Eine Beziehung, in der sie sich erholen und regenerieren kann

- Eine Beziehung, in der die Vermittlung von Geborgenheit und emotionaler Sicherheit ganz oben steht

- Ihre Weiblichkeit in ihrer Zärtlichkeit, Hingabe und Empfänglichkeit erkennen und entsprechend entfalten

- Ihr inneres Gleichgewicht wieder finden, indem sie zuhause ist, in einer vertrauten Umgebung, in ihrer Familie, mit liebevollen Menschen, im Austausch von Zärtlichkeit und Gefühl.

ÜBUNGEN D

1. Welche Attribute würden Sie der Weiblichkeit der Venus/Mond-Persönlichkeit zuordnen?

2. Was ist für sie ein Zeichen von Liebe?

3. Welche Beziehungsformen würden Sie bei folgenden Konstellationen empfehlen:
a. Venus im Krebs im 3. Haus?
b. Venus im Krebs im Sextil zum Mond im Stier?
c. Venus im Krebs in Opposition zur Sonne im Steinbock?
d. Venus im Widder im 4. Haus?

5. WAAGE-VENUS - SONNE

Tierkreiszeichen Waage im 5. Haus / Tierkreiszeichen
Löwe im 7. Haus
Venus im Löwen (Sonne in der Waage)
Venus im 5. Haus (Sonne im 7. Haus)
Aspekte zwischen Sonne und Venus
Aspekte zwischen Sonne und DC

Essenz

Beziehungsfähigkeit und Attraktivität durch kreativen
Selbstausdruck und Selbstbewusstsein.

Grundspannung

Orientierung am Partner/den Mitmenschen --- Selbstbe-
zogenheit; Darstellung seiner Einzigartigkeit.

Lösung

Nutzung seiner Beziehungsfähigkeit/Partnerschaft und
seiner Attraktivität, um sich kreativ zu betätigen und seine
Einmaligkeit zum Vorschein zu bringen.
Einsatz seiner Kreativität und Einzigartigkeit in sein Partnerverhalten und seine besondere Beziehungsform.

Selbstbild

Ich kenne und entfalte meine einzigartigen Qualitäten und

bin kreativ, daher kann ich eine Beziehung nach meinen Wünschen gestalten und fühle mich attraktiv.

1. Attraktivität und Schönheit

Strahlkraft und Einzigartigkeit

Die Attraktivität der Venus/Sonne-Persönlichkeit hängt von ihrer Fähigkeit ab, ihre ganz speziellen Eigenschaften und Talente herauszufinden, zu entwickeln und unübersehbar zu präsentieren. Je mehr ihre Verhaltensweise und ihre Tätigkeiten ihre Einzigartigkeit spiegeln, umso anziehender wirkt sie auf andere Menschen.

In gleicher Weise fühlt sie sich natürlich auch selbst von Personen angezogen, die es verstehen, sich von der Allgemeinheit durch die Umsetzung ihres besonderen Wesens abzuheben und genau ihren eigenen, einmaligen Weg zu gehen, ein möglichst hohes Maß an Selbstverwirklichung erreicht zu haben.

Für sie heißt Schönheit, auftreten zu können, sich mit Souveränität und einem realen Selbstbewusstsein zu zeigen und vielleicht auch mit etwas Glanz und Glimmer (Schmuck etc.) nachzuhelfen, um die erwünschte Aufmerksamkeit zu erhalten, wobei die Goldkettchen proportional zum echten Selbstbewusstsein an Bedeutung verlieren.

Attraktivität heißt hier stets ein Hauch von Nerz, Luxus, dem Besonderen. Man will abstechen und zumindest die Hauptzuwendung beim Auftritt, dem Bad in der Menge für sich gewinnen.

2. Beziehungsart

Die individuell gestaltete Partnerschaft

So wie alles, was mit der Löwekraft in Verbindung steht, muss auch hier eine ganz besondere Note entwickelt werden, die die Beziehung ausmachen soll. Gewöhnlichkeit soll es nicht sein, eher schon das Zusammenfinden zweier eigenständiger Menschen, die sich gegenseitig in ihrer Selbstentfaltung unterstützen. Die Partnerschaft soll Ausdruck dieser Verbindung von kreativen Menschen sein.

Die Venus/Sonne-Persönlichkeit kann und will durch ihre Fähigkeit, eine besondere Verbindung aufzubauen und zu managen, ihr Selbstbewusstsein und ihre Herzenskraft stärken und ihre eigenen einmaligen Qualitäten an die Oberfläche bringen.

Genauso ist sie bereit, ihren Partner in seinem Selbstfindungs- und Entfaltungsprozess zu unterstützen und somit als Paar mehr Selbstsicherheit und Eigenständigkeit zu kreieren. Sie ist es selbst und wünscht sich auch einen strahlenden, vitalen Partner, auf den sie stolz sein, mit dem sie auftreten und sich sehen lassen kann.

Angenehm wäre auch die Möglichkeit, mit dem Partner zusammen kreativ, künstlerisch oder anderweitig produktiv zu sein.

3. Zeichen für Liebe

Kreativität

Für die Venus/Sonne-Persönlichkeit bedeutet Liebe, dass sie selbst wie auch der andere sich verausgaben sollten, um die Beziehung ins Laufen zu bringen und in einer individuellen Weise aufrechtzuerhalten.

Sie erwartet von sich und dem Partner, dass der gemeinsamen Zeit volle Aufmerksamkeit gewidmet wird und man ein hohes Quantum an Kreativität an den Tag legt, um die Verbindung so besonders und Aufsehen erregend wie möglich zu gestalten. Dazu gehören ausreichend Einladungen jeder Art, gemeinsames Ausgehen, Besuche von Galas, Oper, Konzerten, Kunstveranstaltungen. Man will den Hof gemacht bekommen, umworben und mit Schmeicheleien verwöhnt werden. Jede Handlung sollte den gebührenden Applaus und eine Lobesrede nach sich ziehen. Mindestens.

Im fortgeschrittenen Zustand fühlt man sich geliebt, wenn der Partner einem in seinen unternehmerischen Ambitionen und seiner Selbstentfaltung unterstützt. Denn Anfang sollte man dazu (als Löwe/Venusmensch) natürlich bei sich selbst machen.

Also nicht hinstellen und abwarten, sondern eigenständig den ersten Schritt tun, seine eigene Art des Partnerseins (der, der sich und andere im Aufbau von realem Selbstbewusstsein fördert) zu Tage treten lassen und unabhängig von außen auch aktiv umsetzen.

4. Die Weiblichkeit

Die Königin

Die Weiblichkeit der Venus/Sonne-Persönlichkeit drückt sich als die erhabene Königin, als Diva, als der Star aus, der, auch wenn er es nicht zugibt, in irgendeiner Weise umjubelt und mit Beifall verwöhnt werden will. Wichtig ist erneut der Auftritt, der je nach Art der Gemeinschaftszugehörigkeit (konventionell, alternativ, esoterisch etc.) verschieden aussieht. Will sie ihre weibliche Seite mehr zur Geltung bringen, muss sie neben dieser Auftrittshaltung ihre einmaligen Qualitäten schöpferisch umsetzen und ihre Kreativität entfalten und zur Show stellen.

Je mehr sie in Kontakt mit ihrer Individualität ist und es versteht, dieser eine konkrete Form zu verleihen, umso mehr gewinnt sie an Lebendigkeit, Herzenswärme und Vitalität, an Eigenständigkeit und wirklichem Selbstbewusstsein.

Die Notwendigkeit, sich durch pompöses Verhalten oder gockelhaftes Getue in den Mittelpunkt zu spielen, verliert sich dann genauso wie die dringende Abhängigkeit von Schmeicheleien und Lobeshymnen.

Ein Höhepunkt könnte der Aufbau eines eigenen Unternehmens oder eine künstlerische Tätigkeit sein, in die das innere einmalige Wesen sich zeigen und präsentieren kann.

5. Herstellung des inneren Gleichgewichts

Schöpferischer Selbstausdruck

Um ihr inneres Gleichgewicht wiederherzustellen, muss die Venus/Sonne-Persönlichkeit aus sich heraus handeln, agieren, kreativ tätig werden. Sie muss in Kontakt mit ihrer Individualität gelangen und aus ihr in aktiver Weise schöpfen, muss sich als handlungsfähiger, selbständiger Mensch erfahren.

Überhaupt stellt das Gefühl der Eigenständigkeit ein wichtiger Faktor zur Erlangung der inneren Harmonie dar. Das bedeutet, dass Unternehmungen gestartet werden sollten, die ihr das Gefühl vermitteln, auf eigenen Füßen zu stehen und aus ihrer Besonderheit heraus etwas in Angriff zu nehmen.

Eine sehr einfache Methode dazu stellt jede Form der Kunst dar. Kunst kommt nicht von Können. Das heißt, dass jeder seine momentanen Gefühle und Verwirrungen, Ärgernisse und Unzufriedenheiten in einem künstlerischen Akt (Malen, Dichten, Schreiben) Ausdruck verleihen und damit klarer erkennen kann.

Die Kunst weist den direktesten Weg von innerer Besonderheit zu äußerer Manifestation. Außer der Möglichkeit, sich schneller und ehrlicher in seiner derzeitigen Situation zu erkennen, da nun nur noch das Unterbewusstsein sprechen kann, erfährt man gleichzeitig, wie selbstverständlich es doch ist, seine inneren Regungen, Ideen, Gefühle und Spezialitäten nach außen treten und zum Vorschein, in die Manifestation gelangen zu lassen.

Auch Löwe-Maßnahmen wie groß Ausgehen und Kunst zu konsumieren, können dazu beitragen, wieder in seine innere Mitte zurückzufinden.

6. Lieblingsprojektionen

Negatives Frauen- und Partnerbild: selbstherrlich; Egoist; Prahler; ständige Aufmerksamkeit brauchen; ständig im Mittelpunkt stehen wollen; Angeber; Luxusdämchen; Playboy; Dandy.

Auf der körperlichen Ebene als Zeichen der passiven Manifestation: Herzbeschwerden aufgrund von Problemen in der Partnerschaft oder mit seiner Attraktivität; Erkrankungen der Nieren aufgrund von Schwierigkeiten mit seiner Selbstentfaltung und Eigenständigkeit.

Konkrete Förderungen der Waage-Venus/Sonne-Persönlichkeit

- Ihre Attraktivität in ihrer Einzigartigkeit erkennen und entsprechend entwickeln

- Sich ein reales Selbstbewusstsein und Souveränität erarbeiten als ihre Form der Schönheit

- Sich mit Schmuck und edler Garderobe zu Glanz verhelfen

- Sich eine besondere Beziehungsform kreieren

- Sich als kreativen, eigenständigen und selbstbewussten Menschen in die Partnerschaft einbringen

- Den Partner bewundern, stolz auf ihn sein und auch selbst bewundert werden

- Den Partner in seiner Selbstentfaltung und Eigenständigkeit unterstützen (nachdem sie sich selbst aufgebaut hat)

- Mit dem Partner kreativ und produktiv sein zu können

- Mit dem Partner ein Unternehmen aufzubauen

- Mit Hilfe der Beziehung mehr Eigenständigkeit und Souveränität erlangen

- Ihre Zuneigung durch Lob, Einladungen, Ausgehen, Förderung des Selbstbewusstseins des Partners zeigen

- Ihre Weiblichkeit in ihrer Kreativität und Fähigkeit zu selbständigen Unternehmungen, in ihrer Einzigartigkeit und deren unübersehbaren Präsentation sehen und entsprechend entfalten

- Ihr inneres Gleichgewicht durch künstlerischen oder anderweitigen schöpferischen Selbstausdruck wie auch ein Sich-Herausputzen und Ausgehen (Bad in der Menge) wiederfinden.

ÜBUNGEN E

1. Was macht die wirkliche Schönheit der Venus/Sonne-Persönlichkeit aus?

2. Wie sieht ihre Art des Partnerseins aus?

3. Was würden Sie zur Entwicklung der Weiblichkeit bei folgenden Konstellationen raten:
a. Venus im Löwen im 6. Haus?
b. Venus im Löwen im 10. Haus?
c. Venus im Löwen im Trigon zum Mars im Widder?
d. Venus im Stier im 5. Haus?

6. WAAGE-VENUS - JUNGFRAU-MERKUR

Tierkreiszeichen Waage im 6. Haus / Tierkreiszeichen
Jungfrau im 7. Haus
Venus in der Jungfrau (Merkur in der Waage)
Venus im 6. Haus (Merkur im 7. Haus)
Aspekte zwischen Merkur und Venus
Aspekte zwischen Merkur und DC

Essenz

Beziehungsfähigkeit und Attraktivität durch seine Art von
Arbeit, Fähigkeit zu Analyse, Nutzung der Lebensumstände und der Reinlichkeit.

Grundspannung

Liebesbeziehungen --- Arbeit, Vernunft, Analyse, Achtsamkeit

Lösung

Mit dem Partner arbeiten bzw. an seiner Beziehungsfähigkeit arbeiten; Vernunft und Achtsamkeit in eine Beziehung einbringen; Beziehungen und Beziehungsmuster
analysieren.
Seine Art der Arbeit nutzen, um eine Beziehung aufzubauen.

Selbstbild

Ich habe meine Form des Arbeitens und Dienens, der Achtsamkeit sowie der Analyse und Nutzung der Lebensumstände gefunden, daher kann ich eine Beziehung aufbauen und finde mich attraktiv.

1. Attraktivität und Schönheit

Erdverbundenheit

Die Venus/Merkur-Persönlichkeit findet ihre Attraktivitätsattribute nicht in den üblichen Modeheften, sondern in ihrer Fähigkeit zu rationellem, analytischem Denken, ihrem Bedürfnis, einen Dienst in ihrem Leben zu leisten sowie ihrer Form des Arbeitens, die dabei genau ihrem Wesen entsprechen sollte.

Ein weiterer wichtiger Faktor des Schönseins stellt ein hohes Maß an Reinlichkeit dar, an Gepflegtheit. Es ist wesentlich, eine ausgeprägte Körperhygiene zu betreiben, auch innerlich (Fasten, Psychohygiene), um sich wohl und anziehend zu fühlen, wie sie auch dasselbe von Menschen erwartet, die von ihr attraktiv gefunden werden wollen. Auf der körperlichen Ebene symbolisiert diese Venus eine kräftige, Stabilität versprechende Bauweise.

Schönheit bedeutet für sie, im Dienste einer sinnvollen Sache zu stehen sowie ein hohes Maß an Gesundheit durch ständige innere und äußere Reinigung und Selbstanalyse zu erreichen.

2. Beziehungsart

Die arbeitsintensive/-orientierte, vernünftige Beziehung

Da bei der Venus/Merkur-Persönlichkeit eine große Liebe zu ihrer Arbeit besteht, sollte die Beziehung in irgendeiner Weise etwas mit dieser zu tun haben. Der Partner sollte sich zumindest ausreichend dafür interessieren oder aber sogar mit ihr zusammenarbeiten bzw. einen ähnlichen Dienst leisten wollen.

Werden Alltag und Arbeit innerhalb der Beziehung in keinster Weise geteilt, so ist eine innige Verbundenheit nur schwer herzustellen. Eine Möglichkeit dazu stellt dann nur noch die gegenseitige Anpassung oder - wesentlich weiterbringender - ein ständiges gemeinsames Analysieren der Beziehungsmuster des Einzelnen, der Geschehnisse in der Partnerschaft dar. Dies kann zu Arbeit ausarten, bietet aber eine wichtige Grundlage zwischen den Partnern, falls sie durch ihre Arbeit nicht in Verbindung stehen.

Die Beziehungen der Venus/Merkur-Persönlichkeit sind auf Vernunft aufgebaut. Man versucht, die Gemeinsamkeiten und Gemeinschaftlichkeit so gut es geht sinnvoll zu nutzen, d.h. das Angenehme mit dem Nützlichen zu verbinden.

Man will innerhalb der Partnerschaft zu Diensten sein und sich dem anderen nützlich machen. Beziehung stellt den Lebensbereich dar, in dem Gewahrsein und Achtsamkeit, auch für die kleinsten Dinge, am besten geübt und gelebt werden kann.

3. Zeichen für Liebe

Zusammenarbeit und Anpassung

Für die Venus/Merkur-Persönlichkeit bedeutet es Liebe, wenn der Partner Anteil an ihrer Arbeit nimmt. Wesentlich ist außerdem die Bereitschaft, sich eine Beziehung zu erarbeiten, d.h. zu erkennen, dass eine funktionierende Partnerschaft des Aufwands wie auch eines gewissen Maßes an Anpassungsfähigkeit bedarf.

Es wird gleichsam als Symbol für Zuneigung betrachtet, wenn der Partner sich in äußerst gepflegter, ordentlicher und sauberer Erscheinung präsentiert, wie man es selbst auch gerne tut. Schmuddelige Aufmachungen werden als Affront gegen das starke Bedürfnis nach Sauberkeit und Reinlichkeit betrachtet und abgelehnt.

Ein weiterer Faktor der Jungfrau ist die Kritik. Entweder man ist selbstkritisch in seiner Art des Partnerseins bzw. der Beziehungsgestaltung oder aber man zieht einen überkritischen Partner als Ergänzung an (was auch umgekehrt der Fall sein kann).

Das größte Maß an Liebe wird darin gesehen, wenn die Möglichkeit geschaffen ist, eine gemeinsame oder ähnlich orientierte Arbeit auszuüben, wie auch in der Bereitschaft, alle Ereignisse innerhalb der Beziehung oder im Leben des Einzelnen zusammen durch zu analysieren, ständig an sich und der Partnerschaft zu arbeiten und gemeinsam ein hohes Maß an Achtsamkeit mit sich selbst und dem Partner bewusst zu entwickeln.

4. Die Weiblichkeit

Die arbeitsfreudige Analytikerin

Die Venus/Merkur-Persönlichkeit kann ihre Weiblichkeit am besten in ihrer Arbeit entfalten. Sie ist quasi mit ihr verheiratet. Übt sie keine Tätigkeit aus, so stellen die alltäglichen Anforderungen und Notwendigkeiten (z. B. im Haushalt) ihren Arbeitsbereich dar. Diesen erledigt sie perfekt, exakt bis pedantisch.

Will sie ihre Weiblichkeit weiterhin fördern, so kann sie sich um eine sehr saubere (das frisch gebügelte weiße Hemd) und gepflegte Gesamterscheinung kümmern und durch regelmäßige Saunagänge, Fastenkuren sowie andere Gesundheitsbringer auch von innen heraus rein und aufgeräumt fühlen.

Neben ihrer engen Verbundenheit zur reinen Vernunft verfügt sie über ausgeprägte analytische Fähigkeiten. Ihren Drang zur Pingeligkeit kann sie in ein perfektes Gewahrsein jeden Moments ihres Daseins umwandeln, ihr Reinlichkeitsbedürfnis in das Erfassen der Jungfräulichkeit der Dinge, ohne dass sie mit Werturteilen und daraus folgenden überschießenden Emotionen und Reaktionen beeinflusst werden.

5. Herstellung des inneren Gleichgewichts

Reinigung

Neben der immer förderlichen Möglichkeit, sich voll und ganz in ihre Arbeit zu stürzen, gibt es für die Venus/Merkur-Persönlichkeit noch die verschiedensten Formen der inneren und äußeren Reinigung, um wieder in Kontakt zu ihrer inneren Mitte herzustellen.

Das kann neben Bädern und ewig langen Duschaktionen auch eine schweißtreibende Sportaktion sein, eine Entschlackung durch Massagen und Lymphdrainage kombiniert z. B. mit einem Saft- oder Teetag. Sie braucht das Gefühl, all die Unstimmigkeiten, die sie aus der inneren Balance geworfen haben, herauszuspülen und wieder eine innere Sauberkeit körperlicher und seelischer Natur zu schaffen. Für letzteres stehen ihr das Vermögen zur Analyse wie auch Methoden der Psychohygiene zur Verfügung (Eigenbesetzung von Potenzialen, die bisher von außen ersatzweise belegt wurden).

Es ist für sie außerdem wichtig, ihre Vernunft walten zu lassen und klare Strategien zu entwickeln, wie sie wieder in Einklang mit ihrer inneren Wesenheit gelangen kann. Sie kann sich reinigen und lösen von allem, was ihr den Blick der Leere und Einheit, der Ganzheit und des gleichzeitigen Nicht-Seins der Begebenheiten im Leben verstellt.

6. Lieblingsprojektionen

Negatives Frauen- und Partnerbild: zu nüchtern; rein vernunftorientiert; berechnend; zu angepasst; rationelle Beziehungen und Liebe; Meckertante; überkritisch; Putzfanatiker(in); workaholic(erin).

Auf der körperlichen Ebene als Zeichen der passiven Manifestation: Erkrankungen im Darmbereich aufgrund von Schwierigkeiten in der Partnerschaft oder mit seiner Attraktivität; Erkrankungen der Nieren als Folge von Problemen mit seiner Arbeit und der Verwertung und Verdauung der Lebensumstände.

Konkrete Förderungen der Waage-Venus/Jungfrau-
Merkur-Persönlichkeit

- Ihre Attraktivität in ihrem arbeitsamen, vernünfti-
  gen Wesen sowie ihrer Reinlichkeit und inneren
  und äußeren Aufgeräumtheit erkennen und stärken

- Eine gepflegte und saubere Erscheinung (sein und
  ihr außen begegnen)

- Sich eine funktionierende Beziehung erarbeiten

- Vernunft und Achtsamkeit in eine Partnerschaft
  einbringen

- Mit dem Partner zusammenarbeiten oder sich zumindest über die Arbeit ausreichend austauschen

- Kritikfähigkeit in der Partnerschaft entwickeln

- Ihre Beziehungsmuster und die Geschehnisse innerhalb der Partnerschaft analysieren

- Strategien für eine Beziehung erarbeiten

- Ihre Zuneigung in Form des Interesses an der Tätigkeit des anderen oder durch sich Nützlichma-
  chen sowie durch den Einsatz ihrer analytischen
  Fähigkeiten zeigen

- Ihre Weiblichkeit durch ihre Arbeit, ihre Vernunft,
  ihre Fähigkeit zur bestmöglichen Nutzung der Lebensumstände und ihre innere und äußere Aufgeräumtheit definieren und bewusst entwickeln

- Das innere Gleichgewicht durch Reinigungsaktionen, vernünftige Planungen, Strategieentwicklungen, Situationsanalysen und Achtsamkeits- und Wahrnehmungsübungen wiederherstellen

- Reinheit auch in der nicht durch die individuelle Meinung gefärbten Nacktheit und Jungfräulichkeit aller Dinge erkennen und dazu immer wieder die Brille der Beurteilungen absetzen.

ÜBUNGEN F

1. Was macht die Schönheit einer Venus/Merkur-Persönlichkeit aus?

2. Durch welche Lebensbereiche kann sie ihre Weiblichkeit stärken?

3. Welche Beziehungsform würden Sie bei folgenden Konstellationen vorschlagen:
a. Venus in der Jungfrau im 3. Haus?
b. Venus in der Jungfrau im 4. Haus im Trigon zum Mond im Steinbock?
c. Venus in Konjunktion zur Sonne in der Jungfrau?
d. Venus im Widder im 6. Haus?

7. WAAGE-VENUS/WAAGE-VENUS

Tierkreiszeichen Waage im 7. Haus
Venus in der Waage
Venus im 7. Haus
Aspekte der Venus zum DC

Essenz

Beziehungsfähigkeit und Attraktivität durch Entgegenkommen, Freundlichkeit und Harmonie.

Grundspannung

keine

Selbstbild

Ich zeige mich freundlich, ausgleichend und kompromissbereit, daher bin ich fähig meine Beziehungen aufzubauen
und fühle mich attraktiv.

1. Attraktivität und Schönheit

Die Geschmackvolle

Da die Venus hier in ihren eigenen Energiebereich ein-
wirkt, kann sie in ihrer ursprünglichen Form natürlich
auch am besten entfaltet werden.
Die Venus/Venus-Persönlichkeit verfügt über ein ho-

hes Maß an Geschmack und Stil und versteht es schon rein äußerlich, durch gekonntes Aufeinanderabstimmen der Kleidungsstücke, Accessoires, Frisur - bei Frauen: Schmuck und Schminke - ein harmonisches Bild abzugeben, bei dem jede Kleinigkeit sitzt und mit dem Rest übergangslos in Verbindung steht.

Diese äußere Erscheinung ist Abbild der Fähigkeit, auch innerlich einen Gleichklang zu finden, sich Partnerin zu werden und eine Verbundenheit zwischen allen inneren Persönlichkeitsanteilen herzustellen.

Attraktivität heißt für sie, in freundlicher und entgegenkommender Weise aufeinander zuzugehen, heißt Kultiviertheit, Höflichkeit, Feinheit und ein ansprechendes, schönes Äußeres.

2. Beziehungsart

Ein schönes Paar

Die Venus/Venus-Persönlichkeit ist ein ausgeprägter Beziehungsmensch. Ihre Orientierung geht ganz in Richtung Partner, in ihr Bedürfnis, eine auf Harmonie und Einklang basierende Verbindung aufzubauen. Sie möchte so viel wie möglich gemeinsam unternehmen und mit ihrem Geliebten ein schönes (innerlich wie äußerlich) Paar abgeben.

Um die begehrte freundliche Note aufrechtzuerhalten, zeigt sie sich kompromissbereit und stellt ihre persönlichen Interessen zurück, wenn sie dadurch Reibereien und Konfrontationen vermeiden kann. Sie zieht eine liebevolle Begegnung einer tieferen Auseinandersetzung vor, auch wenn dadurch negative Gefühle gegenüber dem Partner ins Unbewusste verbannt werden müssen.

Sie bringt all ihren Charme und ihr diplomatisches Geschick ein, um eine harmonische Atmosphäre innerhalb der Beziehung zu gestalten, bemüht sich, ein aus den Fugen geratenes Gleichgewicht wiederherzustellen.

Voraussetzung dafür ist eine innere Verbundenheit zwischen all ihren Seiten, eine intakte, harmonische Beziehung zu sich selbst. Erst sie kann diesen äußeren angestrebten Gleichklang langfristig echt und dauerhaft werden lassen.

3. Zeichen für Liebe

Harmonie

Für die Venus/Venus-Persönlichkeit heißt Liebe, sich vollkommen auf den Partner und seine Wünsche einzustellen und sich selbst zurückzunehmen.

Sie wünscht sich ein auf Fairness und Kompromissbereitschaft aufgebautes Zusammensein, bei dem für beide Beteiligten die Partnerschaft höher steht als Eigeninteressen. Streitereien und das Bedürfnis, sich durchzusetzen, seine Stärke ständig zu demonstrieren und seine körperlichen Begierden in den Vordergrund zu rücken, stoßen sie ab, werden als Zeichen der Ablehnung und Beziehungsunfähigkeit gewertet.

Waage ist eine geistige Energie, so dass hier versucht wird, Zuneigung durch geistige Verbundenheit zu zeigen, oder sich zusammen mit dem Partner eher auf einer geistigen Ebene zu bewegen als auf handfester, gefühlsgetragener oder von Wollust getriebener Stufe.

Die Venus/Venus-Persönlichkeit benötigt eine gewisse Feinheit, eine selbstverständliche Gemeinschaftlichkeit, das Bemühen um Gleichklang, um sich geliebt zu fühlen und auch als Zeichen, um ihre Liebe zu zeigen.

4. Weiblichkeit

Die Beauty und Schlichterin

Die Venus/Venus-Persönlichkeit ist Abbild der typischen Freude an Schönheit und Mode. Es ist ihr ein Bedürfnis, sich geschmackvoll zu kleiden und eine ästhetische Erscheinung abzugeben. Auch ihre Bewegungen, ihr gesamtes Auftreten sprechen für ihren Stil und ihren Schönheitssinn. Besonderes Augenmerk legt sie auf einen freundlichen, kultivierten Umgang mit ihren Mitmenschen, auf den Ausdruck von Freundlichkeit.

Um ihrem Bestreben nach Harmonie nachzukommen, greift sie schlichtend und ausgleichend ein, bevor es lautstark zu Streit oder groben Auseinandersetzungen kommen könnte. Sie zeigt sich als Vermittlerin, als diejenige, die beiden Seiten einer Sachlage gleich viel Gewichtigkeit einräumt und sich ungern auf eine Seite schlägt.

Sie ist eher außenorientiert, als dass sie ihren eigenen fixen Weg geht, fühlt sich leicht hin und her gerissen und scheut endgültige Entscheidungen. Zumindest braucht sie lange Zeit des Abwägens, bis eine klare Entscheidung fällt.

Sie entfaltet ihre Weiblichkeit am besten durch eine innere und damit auch im Äußeren authentischen Harmonie, im Einbringen ihres vermittelnden, diplomatischen Wesens, im Schaffen von Ausgleich und einer auf Gemeinschaftlichkeit basierenden Atmosphäre.

Ihre Stärken liegen darin, sich auf andere Menschen zu beziehen und deren Anliegen sowie das Aufrechterhalten von Harmonie höher einzustufen als das eigene Verlangen.

5. Herstellung des inneren Gleichgewichts

Ästhetik und Verbundenheit

Um ihre innere Balance wiederzuerlangen, stellt das "sich schön machen und herausputzen" eine sehr einfache Methode für die Venus/Venus-Persönlichkeit dar. Entweder sie nutzt dafür die schon vorhandenen Utensilien und Möglichkeiten oder sie gönnt sich etwas Schönes für ihre Garderobe, geht zu einer Kosmetikerin oder lässt sich auf einer Schönheitstagesfarm (gibt es auch für Männer!) einen Tag oder länger verwöhnen.

Danach bietet ihr jegliches Zusammensein mit dem Partner oder einer anderen geliebten Person die Chance, wieder in Verbindung zu ihrer Mitte zu gelangen.

Außerdem wirkt sich jede harmonische und kultivierte Umgebung förderlich aus wie auch das Zusammensein mit Menschen, mit denen man sich eng verbunden fühlt und die vor allem Schönheitssinn und Stil an den Tag legen.

Von lautstarken, rauen Kräften und Energien sowie Streitherden und Konfrontationen sollte sie sich lieber fern halten, wenn sie ihr inneres Gleichgewicht wiederfinden möchte.

6. Lieblingsprojektionen

Negatives Frauen- und Partnerbild: Modepuppe; aufgeschminkt und aufgetakelt; unentschlossen; keine eigene Persönlichkeit; rein partnerschaftsorientiert; immer freundlich und nett ohne Tiefgang; keep smiling ohne Ende; kein Durchsetzungsvermögen.

Auf der körperlichen Ebene als Zeichen der passiven Manifestation: jegliche Art von Erkrankungen der Nieren als Abbild von Schwierigkeiten mit seiner Beziehung und/oder Attraktivität.

Konkrete Förderungen der Waage-Venus/Waage-Venus-Persönlichkeit

- Jegliche Form der Verschönerung (Garderobe, Figur, Haut, Frisur, Schminke, Schmuck, Schönheitsfarmen, Farb- und Stilberatung)

- Sich in besonderem Maße um ihr Aussehen, ihre Optik kümmern; sich herausputzen

- Jede Form der Gemeinschaftlichkeit mit anderen Menschen, insbesondere mit dem Partner

- Eine harmonische Beziehung aufzubauen

- So viel wie möglich mit dem Partner zusammen zu unternehmen

- Streit und Konfrontationen vermeiden durch ihr vermittelndes, kompromissbereites Wesen

- Charme, Freundlichkeit und Diplomatie, vor allem in der Beziehung entwickeln

- Sich so viel wie möglich auf den anderen beziehen

- Ausgleich statt Durchsetzung

- Harmonie statt Tiefe

- Ihren Geschmack, ihren Stil, ihren freundlichen und kultivierten Umgangston, ihre Fähigkeit des Schlichtens und Vermittelns, des Schaffens von Ausgleich als ihre Art der Weiblichkeit erkennen und entfalten

- Eine ästhetische, harmonische und freundliche Umgebung aufsuchen oder eine schöne Unternehmung mit dem Partner starten, um wieder in ihre innere Mitte, ihr Gleichgewicht zurück zu gelangen.

ÜBUNGEN G

1. Was macht die Weiblichkeit einer Venus/Venus-Persönlichkeit aus?

2. Wie können Menschen mit folgenden Konstellationen am besten eine Beziehung aufbauen:
a. Venus in der Waage im 4. Haus?
b. Venus in der Waage in Opposition zum Mars im Widder?
c. Venus in der Waage im Trigon zum Mond in den Zwillingen?
d. Venus im Löwen im 7. Haus?

8. WAAGE-VENUS - PLUTO

Tierkreiszeichen Waage im 8. Haus / Tierkreiszeichen
Skorpion im 7. Haus
Venus im Skorpion (Pluto in der Waage)
Venus im 8. Haus (Pluto im 7. Haus)
Aspekte zwischen Venus und Pluto
Aspekte zwischen Pluto und DC

Essenz

Beziehungsfähigkeit und Attraktivität durch Intensität,
Tiefe, Leidenschaft und das Brechen von Tabus

Grundspannung

Harmoniebestreben, Schönheitssinn --- Drang, in die tiefe, verborgene Dunkelheit (Unbewusstheit) vorzudringen
und sich auch mit den so genannten negativen Formen des
Lebens auseinanderzusetzen und anzufreunden.

Lösung

Suche nach Tiefe und seinen Abgründe mit Hilfe der
Partnerschaft
Ständige Wandlung durch eine intensive Beziehung.

Wunde

Der Spinne ins Netz gegangen

Subtile Quälereien durch den Partner
Ohnmachtsgefühle in der Beziehung

Heilung

Seine eigene Macht als Partner zurückgewinnen durch die Bereitschaft zur Selbstverantwortung.

Seine eigenen quälenden, mörderischen und marternden Seiten als Partner in sich entdecken, zulassen und integrieren; d.h. als Partner ganz werden und diese Seiten nicht als Ergänzung von außen anziehen zu brauchen.

Die plutonische Note freiwillig durch das Verlieren der Kontrolle und das Fallen in die eigene schwarze Tiefe aktiv und bewusst leben.

Eine intensive, wandelnde Beziehung zulassen.

Selbstbild

Ich bin bereit, meine Leidenschaft und Intensität total zum Ausdruck zu bringen, daher kann ich meine Art der Beziehung aufbauen und fühle mich attraktiv.

1. Attraktivität und Schönheit

Erotik und Unergründlichkeit

Die Venus/Pluto-Persönlichkeit erscheint durch ihre Tiefgründigkeit und erotische Ausstrahlung attraktiv. Sie versteht es, ohne aktiv werden zu müssen, Menschen in ihren Bann zu ziehen und auf ihre schwarzen Abgründe neugierig zu machen.

Sie erscheint geheimnisvoll und schwer einschätzbar

und man erfühlt instinktiv ihre Tiefe und Leidenschaft-lichkeit, die ihre Anziehungskraft ausmacht.

Ihr gefallen Extreme, die sich auch in der Auswahl der Kleidung zeigen können, und wenn es nur in der Zusammenstellung von schwarz und weiß ersichtlich wird, wobei der Auftritt ganz in schwarz natürlich vorgezogen wird.

Für sie ist auch schön, was andere vielleicht abartig, pervers und gruselig empfinden. Wo es andere schüttelt und sie sich angewidert abwenden, fängt es für die Venus/Pluto-Persönlichkeit erst an, interessant zu werden.

Wenn man ihre Aufmerksamkeit erwecken möchte, muss man schon aus dem gemäßigten Rahmen fallen und etwas ausstrahlen, was ihren Forscherdrang anregt und ihre erotische Seite zum Brodeln bringt.

Sie fühlt sich angezogen von Situationen und Menschen, die sie tiefer in ihr inneres Unbekanntes bringen und mit denen der Bruch von Tabus machbar erscheint.

Ist sie (noch) nicht auf dem freiwilligen, begierigen Weg hinab, reizt sie vielleicht noch ein Machtmensch oder Personen, die Kontrolle ausüben und dominant sind.

2. Beziehungsart

Die fixe, totale Partnerschaft

Eine plutonische Beziehung versteht keinen Spaß und trägt höchsten Carmen-Charakter. Es wird, ohne dass es besonders betont werden muss, absolute Totalität und Ausschließlichkeit erwartet. Sexuelle Monogamie ist selbstverständlich. Ausrutscher, egal welcher Art, werden mit absoluter Missachtung, Schweigen, stechend-tödlichem Blick und oft mit wortloser Trennung quittiert.

Beliebt sind hier vor allem feste Vorstellungen, ein

ganz klares, zwingendes Bild des Partners und der Part-
nerschaftsform, als Zeichen von Kontrolle, wenn man sich
zu sehr auf sie einschießt und den Fluss von Leben und
Liebe in dieses enge Raster hineinzwängen möchte. Der
Partner hat diesem Bild zu entsprechen, sonst kann keine
Verbindung aufgebaut werden.

Plutonische Beziehungen werden gerne als schicksal-
haft empfunden. In Wirklichkeit zieht man ebenso
schwarze Menschen an und wird somit in seine bisher gut
versteckten, verborgen gehaltenen Innereien getrieben,
spürt Intensität, Eifersucht und den Drang zu absoluter
Besitzergreifung, die man ansonsten als nicht vorhanden
oder transformiert geglaubt hat.

Die Venus/Pluto-Persönlichkeit schießt sich mit aller
Kraft, Zähigkeit und Penetranz auf ihr auserwähltes Opfer
ein oder aber sie spielt selbst die Rolle des Opfers und
wird vollkommen in Beschlag genommen, dominiert und
subtil manipuliert. Diese Eigenschaften, sowohl der Täter-
wie auch Opferschaft, sind jeder Venus/Pluto-
Persönlichkeit eigen. Nur im Umgang damit unterscheiden sich die einzelnen Angehörigen dieser Beziehungs-
sektion.

Entweder man kontrolliert diese unbeliebten Qualitäten
und hält sie in sich unter Verschluss mit dem Resultat,
dass sie von außen in wildester Form durch den entsprechenden Partner wieder auf einem zukommen, oder aber
man lebt selbst diese Eigenschaften aktiv aus (in unschäd-
licher Form durch entsprechende Kunstwerke; oder z. B.
durch Yoga-Übungen, in die die extreme Verbissenheit
gesundheitsförderlich kanalisiert werden kann). Dazu gehören Machtmissbrauch und Sadismus in gleicher Weise
wie emotionale Erpressung und absolute Kontrolle des
anderen.

Hintergrund dieser Handlungsweise ist die Notwendigkeit, sich bei dem Opfer-Partner mit Lebenskraft und -

saft vollsaugen zu müssen gleich einem Vampir, da man sich selbst innerlich noch zu wenig kennt, um aus sich heraus ein vollkommener, eigenständiger, in sich satter Mensch zu sein.

Hat man sich deshalb in seinem Aussaugtaumel ausgelebt, hat seine Abhängigkeit vom Opfer erkannt, muss man von dieser Form Abschied nehmen, muss sich trennen von seiner bisherigen Beziehungslebensweise und einen klaren Schnitt, eine Zäsur machen, quasi zu Staub zerfallen, um als völlig neue Wesenheit wieder aufstehen zu können.

Was ist nun weiter die Lösung? Wie kann die Neugeburt aussehen? Diese Frage ist schwer zu beantworten. Pluto gehört zum Leben des Menschen dazu, lässt sich nicht ausmerzen, wegradieren, hinforttransformieren.

Eine Version stellt die Anstrengung dar, Macht über sich selbst anstatt über andere zu gewinnen, sich ganz tief kennen zu lernen und langsam von innen heraus aufzufüllen mit jeder Eigenschaft, die auftaucht, keine Zensur walten zu lassen, sondern seine innere Gesamtheit ohne zu unterscheiden in sein Bewusstsein, sein bisher so kleines Selbstbild mit aufzunehmen, in diesem Fall dem Selbstbild, das man als Partner von sich hat.

Für die Venus/Pluto-Persönlichkeit heißt Beziehung auf jeden Fall Wandlung, heißt, sich hinab zu wagen, heißt, nicht Halt zu machen, sondern stets ein Stück mehr an Kontrolle loszulassen und sich den inneren finsteren Eingeweiden zu öffnen, sich selbst tief in ihr dunkles Gesicht zu blicken und mit Hilfe ihrer Partnerschaften jedes Mal heiler, weil ganzer zu werden, eine Seite mehr zum Mosaik ihrer bisher im Geheimen gelegenen Persönlichkeitsanteilen hinzuzufügen.

Eine plutonische Beziehung könnte somit letztendlich eine intensive Verbindung zwischen zwei selbstbestimmten Menschen heißen. Eine sehr erwachsene Variante der

Kraft, die endlos ins innere Unbewusste begleiten und aus den vielen dabei gestorbenen Toden wieder zur Auferstehung verhelfen möchte.

3. Zeichen für Liebe

Ausschließlichkeit

Die Venus/Pluto-Persönlichkeit fühlt sich dann geliebt, wenn der Partner sie vollkommen vereinnahmen und in sich aufnehmen möchte. Lauwarme Tändeleien langweilen sie nur. Freiheitsbedürfnisse werden als Fluchtversuche vor wahrer Intensität gedeutet. Entsteht nicht sogleich eine totale Leidenschaftlichkeit, vor der es kein Entrinnen gibt, scheint offensichtlich keine Zuneigung vorhanden.

Sie wünscht sich, vollkommen in Besitz genommen zu werden und auch selbst natürlich vollkommen zu besitzen. Frisst man sich nicht gegenseitig mit Haut und Haaren auf, findet in den Augen der Venus/Pluto-Persönlichkeit auch keine Liebe statt.

Leid und Schmerz, das sich exzessive Verzehren nach dem anderen, gehören genauso dazu wie die Fähigkeit zu lang anhaltender, absolut krisenfester Zusammenkettung. Man will fesseln und gefesselt werden, braucht den ständigen Reiz, die Aussicht, in noch dunklere Ecken seiner selbst mit des Partners Hilfe vorstoßen zu können, um Liebe zu empfinden, will nehmen und genommen werden.

Eine fortgeschrittene Form wäre die gegenseitige Unterstützung darin, mit seinen Leiden(!)schaften besser umgehen zu können, sie in Energiearbeit oder Kunst vollkommen einfließen zu lassen, also total auszuleben, ohne deshalb sich selbst und dem anderen weiterhin Leid zufügen zu müssen; sich darin zu unterstützen, seine Totalität in eine echte, kraftvolle Selbstbestimmung bei beiden Beteiligten münden zu lassen.

4. Die Weiblichkeit

Femme fatale

Die Weiblichkeit der Venus/Pluto-Persönlichkeit zeichnet sich durch Absolutheit und unnachgiebige Leidenschaft aus. Sie symbolisiert die schwarze Kraft, die hinabzieht in den Morast abgespaltener Mengen an so genannter Schlechtigkeit. Sie lässt sich nicht davon abhalten, der Wahrheit schonungslos auf den Grund zu gehen und insbesondere die Thematiken zu erforschen, die als verboten und tabuisiert gelten. Sie ist total.

Ihre Bereitschaft, auch die so genannten negativen Seiten des Lebens zu konfrontieren, integrieren und zu leben, lässt sie in den Verdacht geraten, mit dem Teufel im Bunde zu stehen. Sie erinnert durch ihr Sein auch andere an ihren inneren Dämon, ihre Fremdbesetzung an Stellen, wo sie nicht selbst leben und ihr Wesen nicht aktiv umsetzen.

Sie kann manipulieren, kann Domina spielen, kann die devote Seite des Menschen genauso wachrufen wie sie es versteht, deren Gegenteil, den Wunsch, zu beherrschen und die vollkommene Macht über den anderen auszuüben, zum Leben zu erwecken.

Wenn sie gelernt hat, die Kontrolle zu verlieren und in sich hinab zu steigen, kann sie auch andere dazu anleiten, kann sie unterstützen in dem Trennungsprozess von dem Selbstbild des nur Guten hin zu einem ganzen Menschen, der beide Anteile, schwarz und weiß, in sich aufgenommen und akzeptiert hat und dessen große Wandlung dann darin besteht, auch die Identifikation mit diesen beiden Seiten vergehen zu lassen, erneut zu sterben, um endlich als der aufzuerstehen, der er in Wahrheit ist.

5. Herstellung des inneren Gleichgewichts

Intensität und Loslassen

Will die Venus/Pluto-Persönlichkeit wieder zu ihrem inneren Gleichgewicht gelangen, muss sie sich von allen Halbheiten und Oberflächlichkeiten abwenden und tief in eine Sache, am besten in sich selbst eintauchen.

Sie muss ihre verdrängten Kräfte konfrontieren, über ihre (stets eigenen) Tabus hinausgehen und sich mit Exzessen und Extremen egal welcher Art beschäftigen.

Vielleicht genügt es ja, sich einen Draculafilm anzusehen, in pornographischen Werken zu wühlen oder sich einen grausamen Krimiroman einzuverleiben.

Zumindest benötigt sie ein hohes Maß an Intensität und die Möglichkeit, ihre leidenschaftliche Seite zum Ausdruck zu bringen, entweder aktiv oder durch das Miterleben derselben in entsprechenden Büchern oder Filmen.

Auch die Planung, mehr Macht und Selbstbestimmung im Leben (zurück-) zu gewinnen, tragen dazu bei, ihre innere Mitte zu finden.

Ein ganz wesentlicher Faktor, um das aufgrund von zu starken Fixierungen, Festhalten und Einverleiben verloren gegangene Gleichgewicht wiederzugewinnen, ist das Loslassen, die Aufgabe der Kontrolle, die totale Loslösung von allem, was bisher als gesichert, als wichtig, als unabdingbar galt, vielleicht auch der Bruch mit einem uralten Schwur, den man aus einer bestimmten, extremen Sachlage heraus geschworen hat, der aber nun dem Fluss des Lebens oder der Lebendigkeit schlechthin sowie jeglicher Weiterentwicklung im Wege steht.

6. Lieblingsprojektionen

Negatives Frauen- und Partnerbild: die/der Aussaugende, Vereinnahmende; Giftzahn; Krake; Schuldgefühle Einflö-ßende(r); Manipulierende(r), Dominierende(r), zur Ohnmacht Zwingende(r); Teufel(in); Sadist(in); die/der Verschlingende.

Auf der körperlichen Ebene als Zeichen der passiven Manifestation: Erkrankungen der Geschlechtsorgane/Blase als Folge von Schwierigkeiten in der Partnerschaft; Erkrankungen (besonders Krämpfe, Koliken) der Nieren aufgrund mangelnden Kontaktes mit seinem verdrängten Unbewussten, seinen dunklen Seiten oder zu starker Fixierung auf seine festen Vorstellungen und Prinzipien oder zu krampfhafter Kontrolle über sich selbst.

Konkrete Förderungen der Waage-Venus/Pluto-Persönlichkeit

- Ihre Attraktivität in ihrem Tiefgang, ihrer Unergründlichkeit und Leidenschaft erkennen und ausbauen

- Eine intensive, ausschließliche, monogame Beziehung aufbauen

- Sich vollkommen rückhaltlos in eine Partnerschaft einbringen

- Beziehung als ihren Weg in die innere Dunkelheit erkennen und nutzen

- Ihre Besitz ergreifende, eifersüchtige Seite anerkennen und leben

- Innerhalb der Beziehung lernen, Tabus zu brechen

- Den anderen auffressen

- Den Partner mit Penetranz und bohrender Zähigkeit erobern

- Eine fixe, totale Verbindung

- Macht über sich und Selbstbestimmung innerhalb
  der Partnerschaft lernen

- sich durch die Beziehung wandeln lassen

- Ihr Selbstbild als Partner durch die Hinzunahme
  so genannter negativer Eigenschaften erweitern
  und ergänzen; selbst innerlich satt werden; Opfer-
  und Täterschaft in sich vereinen und als eine Persönlichkeit erkennen

- Mit dem Partner ins innere Unbekannte vordrin-
  gen

- Die Kontrolle über ihre Leidenschaften verlieren

- Ihre Weiblichkeit in ihrer Totalität, ihrem Forscherdrang, ihrer Intensität und ihrem Kontakt zur
  schwarzen Seite des Lebens erfassen und entsprechend entwickeln

- Zur Wiederherstellung des inneren Gleichgewichtes tief in eine Sache eintauchen, Verdrängtes und

Verborgenes aufklären und ans Licht bringen, sich mit Extremen jeder Art beschäftigen, mehr Macht über ihr Leben anstreben; Loslassen lebensfeindlicher Fixierungen und alter, nicht mehr entwicklungsgemäßer Schwüre.

- Anerkennen, was ist, auch wenn es einem wahnsinnig macht, dass die jeweilige Situation nicht geändert, beeinflusst und kontrolliert werden kann. – Loslassen!

ÜBUNGEN H

1. Was macht die Anziehungskraft der Venus/Pluto-Persönlichkeit aus?

2. Was sind für sie klare Zeichen der Liebe?

3. Welche Beziehungsformen können Sie sich bei folgenden Konstellationen vorstellen:
a. Venus im Skorpion im 1. Haus?
b. Venus im Skorpion im Quadrat zum Mond im Wassermann?
c. Venus im Skorpion im Trigon zum Mars im Krebs?
d. Venus in den Zwillingen im 8. Haus?

9. WAAGE-VENUS - JUPITER

Tierkreiszeichen Waage im 9. Haus / Tierkreiszeichen
Schütze im 7. Haus
Venus im Schützen (Jupiter in der Waage)
Venus im 9. Haus (Jupiter im 7. Haus)
Aspekte zwischen Venus und Jupiter
Aspekte zwischen Jupiter und DC

Essenz

Beziehungsfähigkeit und Attraktivität durch Bildung, Bewusstsein und eine positive Lebenseinstellung.

Grundspannung

Bezugspunkt Partnerschaft/Außenwelt --- Streben nach
Expansion, geistiger Weite und Erkenntnis.

Lösung

Sich mit Hilfe des Partners auf die Suche nach Erkenntnis
und Einsicht machen.
Seine Bildung und sein Bewusstsein für die Partnerschaft
nutzen.

Wunde

Die religiöse Beziehung (Priester / Liebe als Ablasszah-
lung; Guru / Liebe als Hilfe zur Erleuchtung).

Der Partner als Nimmersatt.
Als gebender Partner selbstverständlich sein.

Heilung

Sich zuerst partnerunabhängig eine eigene Lebensphilosophie und ein eigenes Religionsverständnis schaffen; d.h. den Partner nicht für seine Erkenntnisfähigkeit brauchen. Das eigene Nimmersattdasein als Partner sehen und in sein Partnerselbstbild integrieren; selbst so voll und erfüllt sein, dass man ohne Probleme geben kann, ohne etwas zurückzuerwarten.

Selbstbild

Ich bin bewusst, gebildet, großzügig und voller Lebensfreude, also kann ich meine Art von Beziehung aufbauen und fühle mich attraktiv.

1. Attraktivität und Schönheit

Lebensfreude und Intelligenz

Die Anziehungskraft der Venus/Jupiter-Persönlichkeit ist geistiger Natur. Sie verfügt über die Fähigkeit, sich einen hohen Stand an Bildung und Bewusstsein zu erwerben und ihre Intelligenz (Erkenntnisfähigkeit) zu entfalten.

Schönheit heißt für sie, sich ein eigenes Weltbild und Verständnis von Religion zu erschaffen und einen entsprechend weiten Horizont zu haben.

Da geistige Weiterentwicklung auch über den Kontakt zu fremdländischen Menschen und Kulturen stattfinden kann, kann sie sich stark zu ausländischen oder auch geistig oder religiös anders ausgerichteten Menschen hingezogen fühlen und findet es chic, weit gereist zu sein.

Auch ihre Eigenschaft, in jeder Lebenssituation und jedem Ereignis einen tieferen Sinn zu erkennen und dem Leben mit einer positiven Grund- und Erwartungshaltung entgegenzutreten, macht ihre Art der Attraktivität und Schönheit aus.

2. Beziehungsart

Die erfüllende, inspirierende Partnerschaft

Die Venus/Jupiter-Persönlichkeit wünscht sich eine Partnerschaft, in der Weiterentwicklung und Bewusstseinserweiterung einen hohen Rang einnehmen. Das bedeutet, dass sie als erstes selbst diese Fähigkeiten entwickeln und eigenständig in eine Beziehung einbringen können muss, um eine solche Verbindung anzuziehen und als ihre Art des Glücks und der Erfüllung genießen zu können.

Es ist ihr wichtig, sich auf höherer geistiger Ebene mit ihrem Partner verbunden zu fühlen und ähnliche Lebensanschauungen oder religiöse Sichtweisen zu vertreten. Die Beziehung muss ihren Drang nach Höherem anregen, sei dies nun in Bezug auf mehr Bildung und Einsicht oder anderer Expansionsbestrebungen.

Der Wunsch nach mehr Weite und Einblicke in den Sinn des Lebens sollte von ihrem Partner geteilt werden, wenn er länger attraktiv für sie sein soll. Stillstand und Begrenzung auf den Status quo lassen ihre Zuneigung langsam aber sicher schwinden.

Für sie heißt Partnerschaft, zusammen nach Erweiterung und Erfüllung, nach Sinn und Erkenntnis zu suchen.

3. Zeichen für Liebe

Großzügigkeit

Für die Venus/Jupiter-Persönlichkeit heißt Liebe, dem anderen einen möglichst großen Freiraum zu gewähren und ihn in seinem Bedürfnis nach Weiterentwicklung, Expansion und Weiterbildung zu unterstützen.

Sie zeigt ihre Zuneigung, indem sie ihren Partner in seinen Interessen fördert und versucht, zu seiner Erfüllung und Lebensfreude beizutragen und ihm zu einer positiveren Erwartungshaltung dem Leben gegenüber zu verhelfen.

Sie findet es außerdem schön, sich mit dem Partner zu bilden, mit ihm zu philosophieren, neue Länder und Weisheiten kennen zu lernen, zu reisen und sich gegenseitig, soweit es geht, nämlich mit sich selbst möglich ist, zu beglücken.

4. Die Weiblichkeit

Die weise, Sinn gebende Frau

Die Weiblichkeit der Venus/Jupiter-Persönlichkeit zeigt sich ihrer Fähigkeit und Bereitschaft zu ständiger Weiterentwicklung, Expansion und Weiterbildung. Sie ist stets auf der Suche nach mehr Erkenntnis und Einsicht, nach Ausdehnung und - vor allem - dem Sinn des Lebens.

Sie ist davon überzeugt, dass hinter jeder noch so großen Schwierigkeit kein Zufall, sondern ein tiefer Sinn steckt, die nur noch eruiert und gefunden werden muss. Mit dieser grundlegenden Auffassung strahlt sie eine sehr positive Lebenseinstellung aus, die sie auch mit Missionseifer weitervermitteln kann.

In ihrer Liebe zu Bewusstseinserweiterung und Bildung sowie die Beantwortung von Sinn- und religiösen Fragen eignet sie sich für philosophische Tätigkeiten oder als Dozentin, sei es nun beruflich oder einfach in ihrer Art des Auftretens.

Im Laufe ihres Lebens hat sie sich so viel Erfahrung und Erkenntnisse angeeignet, dass sie im breiten Umfang über eigene Weisheit verfügt.

In überdrehten Phasen kann sie sich auch als der Weisheit letzter Schluss und die geistige Essenz schlechthin fühlen und darstellen, was ihr gerne als Anmaßung ausgelegt wird.

5. Herstellung des inneren Gleichgewichts

Horizonterweiterung / Reisen

Will die Venus/Jupiter-Persönlichkeit zu ihrer inneren Mitte zurückfinden, so empfiehlt sich jede Form der Expansion und geistigen Weiterentwicklung. Dies kann durch Ausbildungen, die Beschäftigung mit fremdländischen Kulturen, Religionen und Philosophien sowie das Reisen in ferne Länder geschehen.

Es ist in solchen Situationen wesentlich, sich mit Religion und den verschiedenen Lebensanschauungsmodellen auseinanderzusetzen, um letztendlich ihr eigenes Weltbild entwickeln und als Basis für ihr Leben einsetzen zu können.

Doch auch jede Form des Studiums und anderer Bildungsmaßnahmen tragen unterstützend zur Wiederherstellung des inneren Gleichgewichtes bei, ebenso wie die ganz besondere Art, Erfüllung und Zufriedenheit zu finden (siehe Jupiteranalyse).

6. Lieblingsprojektionen

Lebt man seine Venus-Jupiterkraft nicht aktiv und bewusst, so sieht man sie im Äußeren oft gerne in so genannter negativer Form: die Anmaßende, Arrogante, Eingebildete; die sich selbst Überschätzende; die "Verbildete"; ständig auf Reisen; nur mit ihrer Bildung beschäftigt (dasselbe gilt als beliebte Projektion auf den Partner).

Auf körperlicher Ebene als Zeichen der passiven Manifestation: Nierenvergrößerung; Erkrankungen der Nieren, weil zu wenig Sinn und Erfüllung im Leben gefunden wird; Erkrankungen der Leber oder im Hüft-/Oberschenkelbereich aufgrund von Partnerschaftsproblemen.

Konkrete Förderungen der Waage-Venus/Jupiter-Persönlichkeit

- Ihre Attraktivität in ihrer Bildung, ihrem Bewusstseinsstand, ihrem Expansionsdrang und ihrer positiven Lebenshaltung erkennen und entwickeln

- Sich eine auf Großzügigkeit und gegenseitige Förderung beruhende Beziehung aufbauen

- Mit dem Partner sich bilden, ihr Bewusstsein erweitern und philosophieren können

- In der Partnerschaft (durch entsprechendes eigenes Partnerverhalten) ihre Erfüllung erkennen

- Mit Hilfe der Beziehung Erkenntnisse gewinnen

und sich ihr Weltbild schaffen

- Eine enge höhergeistige Verbindung zu ihrem Partner (ähnliche Philosophie, ähnliche religiöse Sichtweisen)

- Mit dem Partner reisen

- Ihre Weiblichkeit in ihren geistigen und bewusstseinsmäßigen Werten erkennen und ausbilden

- Ihr inneres Gleichgewicht durch Reisen in ferne Länder, Bildungsmaßnahmen und das Erfassen des Sinns der jeweiligen Situation sowie durch das Herausbilden ihrer eigenen Lebensphilosophie wiederfinden.

ÜBUNGEN I

1. Was stellt für die Venus/Jupiter-Persönlichkeit ein Zeichen von Liebe und Zuneigung dar?

2. Was macht ihre Weiblichkeit aus?

3. Welche Form der Partnerschaft würden Sie folgenden Konstellationen zuordnen:
a. Venus im Schützen im 2. Haus?
b. Venus im Schützen im Quadrat zum Mond in den Fischen?
c. Venus in Konjunktion zu Uranus im Schützen?
d. Venus im Krebs im 9. Haus?

10. WAAGE-VENUS - SATURN

Tierkreiszeichen Waage im 10. Haus / Tierkreiszeichen
Steinbock im 7. Haus
Venus im Steinbock (Saturn in der Waage)
Venus im 10. Haus (Saturn im 7. Haus)
Aspekte zwischen Venus und Saturn
Aspekte zwischen Saturn und DC

Essenz

Beziehungsfähigkeit und Attraktivität durch Ordnung,
Struktur, Gesetz und eigene Richtlinien im Leben.

Grundspannung

Harmoniestreben, Beziehung, Freundlichkeit, Abwägen -
-- Zielstrebigkeit, Ernsthaftigkeit, Ehrgeiz, Beruf.

Lösung

Einbringen der Umgänglichkeit und Kompromissbereitschaft in den Beruf.
Mit dem Partner beruflich zusammenarbeiten.
Festigkeit und Ernsthaftigkeit in die Beziehung einbringen.

Wunde

Härte, unmenschliche Ansprüche an sich und den Partner.
Liebe aus Pflichtgefühl und moralischen Gründen.
Leistung und Beruf ist wichtiger als Liebe und Partner-
schaft.
Das hässliche Entlein.

Heilung

Sich als Mensch und nicht als Leistungsmaschine erkennen und die Ansprüche entsprechend herunterschrauben.
Eine eigene Ordnung und Struktur für sein Beziehungsleben errichten, um auf den Halt der Konvention und ihrer
Regeln verzichten zu können ("es gehört sich, unter bestimmten Bedingungen - Kinder etc. - mit dem Partner
zusammenzubleiben etc.").
Beruf und ehrgeiziger Leistungsdruck gleichberechtigt
zum Aufwand der Partnerschaft behandeln.
Attraktivität an eigenen Richtlinien festmachen.

Selbstbild

Ich habe meine eigene Ordnung und Stabilität im Leben
geschaffen und meinen beruflichen Platz gefunden, deshalb kann ich meine Art der Beziehung aufbauen und finde mich attraktiv.

1. Attraktivität und Schönheit

Klassisch-chic

Bis die Venus/Saturn-Persönlichkeit ihren eigenen Stil gefunden hat, orientiert sie sich mehr als andere an dem, was allgemein als ordentlich anerkannt ist. Sie kleidet sich zurückhaltend und will gemeinhin durch offizielle Schönheit gefallen (was "man" trägt; die richtigen Markennamen bei der Kleidung etc.).

Will sie sich von dem gewöhnlichen Geschmack lösen, muss sie in sich selbst Festigkeit finden, indem sie ihre Persönlichkeit erkundet und diese in ihrem Äußeren zum Ausdruck bringt. Die Modegesetze schreibt sie von nun an für sich selbst. Sie entwickelt ihr eigenes Schönheitsideal und richtet sich in ihrer Garderobe und gesamten Aufmachung danach, ungeachtet dessen, was sich gehört.

Schön heißt für sie ordentlich, gepflegt, heißt schlichter, aber edler Stil ohne Schnörkel, zu viel Accessoires oder sonstige Überflüssigkeiten. Schön heißt für sie auch, aufgrund eines eigenen Rückgrats aufrecht durchs Leben gehen zu können und so ihr eigener Herr und Richter zu sein.

2. Beziehungsart

Dauerhaftigkeit und Stabilität

Jedes von Saturn berührte Gebiet benötigt Zeit zur langsamen Entwicklung und Reife. Nach Anfangsschwierigkeiten, Vorsicht und Zurückhaltung wird sich bei der notwendigen Bereitschaft zu schrittweisem Aufbau die Belohnung und Ernte dafür einstellen: in diesem Falle eine verlässliche, dauerhafte Verbindung zwischen zwei erwachsenen, selbstverantwortlichen Menschen, die die Beziehung ernst nehmen und viel Arbeit und Anstrengung in sie investieren.

Der Weg dahin kann lang sein. Vielleicht sucht man sich in den Anfangsstadien des Lebens mit dieser Konstellation zuerst einen nach offiziellen Maßstäben vorzeigbaren Partner, der allgemein gut angesehen ist und ankommt (je nachdem, in welcher Gesellschaftsform man lebt, d.h. von welcher Gemeinschaft man sich über die Partnerschaft Anerkennung wünscht!).

Oder man versucht, Halt und Festigkeit durch einen wesentlich älteren Partner zu erlangen. Umgekehrt kann man auch selbst die Rolle des leitenden Älteren spielen und sich an seiner stabilisierenden Bedeutung für den Jüngeren oder Unreiferen aufbauen. Liebe kann bei dieser Konstellation auch zur Pflicht werden, wenn man meint, den anderen nicht alleine lassen zu können, da man denkt, dass er ohne einem nicht lebensfähig sei. Dies sagt lediglich das Gegenteil aus, nämlich dass die Selbstaufrichtung über die väterliche Rolle, die man in der Beziehung spielt (als Mann wie auch als Frau) für einem selbst lebensnotwendig ist.

Reales Erwachsensein, wirkliche Reife zeigt sich jedoch in dem Maß an gewachsenem Rückgrat, an einer realistischen Zielsetzung, die man aktiv verwirklicht, an der Fähigkeit, so viele Lebensbereiche wie möglich auch im Alleingang bestehen und bewältigen zu können und damit die Wahl zu haben, ob man sie mit anderen teilt oder nicht.

Der vorhandene Ehrgeiz zu einer "guten", was hier immer stabilen Partnerschaft heißt, muss wie immer bei sich selbst ansetzen, bei dem Drang, seine inneren Beziehungen aufzubauen, sich mit all seinen Seiten auszusöhnen, einen inneren Verband an selbständigen, eigenverantwortlichen Kräften zu bilden, dem man selbst eine

Ordnung, Maßstäbe und Richtlinien als Halt verleiht, die die ganz individuelle Persönlichkeit zum Ausdruck bringen.

Diese innere Festigkeit und die bewusst ausgebildete Fähigkeit zum Alleinsein schaffen erst langsam die Basis, um eine Venus/Saturn-Beziehung aufzubauen, die durch ernsthafte Anteilnahme am Leben des anderen, durch hohes Verantwortungsbewusstsein und ausgeprägte Zuverlässigkeit geprägt ist.

3. Zeichen für Liebe

Treue

Für eine Venus/Saturn-Persönlichkeit sind Treue und Stabilität die wichtigsten Faktoren, um sich in einer Beziehung geliebt zu fühlen und auch selbst ihre Zuneigung zu zeigen.

Es ist ihr auch wichtig, in ihrem Wunsch nach Ordnung und realistischer Lebensplanung ernst genommen und verstanden zu werden. Sie will Anerkennung und ernst gemeinte Akzeptanz durch den Partner spüren und braucht die Bereitschaft, eine wirklich auf lange Zeit angelegte Verbindung zu planen und langsam aber sicher aufzubauen. Auch ihre Liebe zu Beruf und Leistung muss sie selbst akzeptieren, um beim Partner das erwartete Verständnis zu erhalten.

Liebe heißt für sie, sich für die Beziehung und den Partner verantwortlich zu zeigen (funktioniert in dem Maße, wie man sich selbst gegenüber verantwortlich ist), auch in schwierigsten Beziehungsphasen durchzuhalten und absolute Treue zu schwören.

Problematisch kann es werden, wenn diese Festigkeit zur Pflicht ausartet und die Beziehung aus Angst vor Veränderungen im Leben und nicht mehr aus einer engen Verbundenheit heraus aufrechterhalten wird.

4. Die Weiblichkeit

Die zuverlässige, gestrenge Lady

Die Frau in der Venus/Saturn-Persönlichkeit zeichnet sich durch Halt in sich, Ordnung, Stabilität und die Fähigkeit, ihr Leben klar zu strukturieren, aus. Sie geht ihren völlig geradlinigen Weg, frei von Spielereien und allem anderen, was nicht wirklich wesentlich und weiterbringend ist. Sie ist sehr erdverbunden, steht mit beiden Beinen auf der Erde, auf der Seite der Realität.

Beruf und Leistung zeigen, Anerkennung erreichen und ihren Ehrgeiz befriedigen sind ihr wichtiger als Abbild der neuesten Modezeitschrift zu sein, dem an jeder Ecke nachgepfiffen wird.

Sie muss sich Zeit lassen, um diese saturnischen Eigenschaften zu entwickeln, um Selbstdisziplin, Ausdauer und Geduld, sowie die Reife zur eigenen Gesetzmäßigkeit an den Tag zu legen und als ihre Art der Weiblichkeit kennen zu lernen und tief zu akzeptieren.

Frausein bedeutet für sie, sich selbst und anderen Halt bieten zu können, der sprichwörtliche Fels in der Brandung zu sein und sich aufgrund der langsam und schrittweise aufgebauten inneren und äußeren Stabilität vollkommen auf sich selbst verlassen zu können.

Hat sie gelernt, sich selbst Gesetz und Maßstab zu sein, gilt es, dieses Recht auch anderen zuzugestehen und nun nicht selbst (wie früher Eltern und andere Außenautoritäten) andere mit erhobenem Zeigefinger belehren zu wollen.

5. Herstellung des inneren Gleichgewichts

Feste Regeln und Ordnung

Um als Venus/Saturn-Persönlichkeit wieder zur inneren Balance zurückzufinden, bedarf es einer genauen Planung und Neuregelung ihrer vom Durcheinander betroffenen Lebensbereiche. Sie muss ganz klein anfangen, sich Einzelschritte überlegen, wie sie wieder Überblick und Festigkeit in ihr Leben einbringen kann, und langsam wieder Kontinuität und Geradlinigkeit aufbauen.

Ein wesentlicher Bereich, um innere Harmonie wiederzuerlangen, stellt bei ihr zudem der Beruf dar oder jede Verantwortung, die sie übernehmen, in die sie ihre Anstrengung und ihren Fleiß, ihre Zuverlässigkeit und ihre Ausdauer konkret einfließen lassen kann.

Leistungen zu erbringen und sich und damit auch anderen Stütze zu sein, zeigen weitere notwendige Möglichkeiten auf, um sich wieder in ihrer Mitte sammeln zu können.

6. Lieblingsprojektionen

Nach außen projiziertes negatives, weil in sich nicht aktiv entwickeltes Frauenbild: hart, streng, rigide, Moralistin, reine Berufsfrau ohne Gefühl, erstarrt, Ordnungsfimmel (sterile Ordnung); altmodisch, konventionell, bieder, traditionell.
(dasselbe gilt als beliebte Projektion auf den Partner).

Auf der körperlichen Ebene als Zeichen der passiven Manifestation: Nierensteine; jede Form von Verhärtungen in den Nieren; Schrumpfniere.
Andere Erkrankungen der Nieren aufgrund mangelnder

Ordnung, Stabilität und Erfassung seiner Berufung im Leben; Erkrankungen von Knochen, Gelenken, Haaren aufgrund Problemen in der Beziehung oder bzgl. seiner Attraktivität; Diabetes.

Konkrete Förderungen der Waage-Venus/Saturn-Persönlichkeit

-   Sich von dem verabschieden, was offiziell gefällt, wie "man" auszusehen hat

-   Ihr eigenes, von der Norm (ihrer speziellen Gesellschaft) befreites Schönheitsideal entwickeln

-   Ihren Stil der edlen Schlichtheit und der Ordentlichkeit finden

-   Ihre Anziehungskraft außerdem in der Fähigkeit zu Stabilität, Zuverlässigkeit und dem Aufbau eines eigenen Rückgrates sowie ihren beruflichen Leistungen entdecken

-   Eine dauerhafte, feste Beziehung aufbauen

-   Ihren Ehrgeiz und alle Anstrengung in den Erhalt dieser Partnerschaft einbringen

-   Dem Partner Halt und Stütze sein sowie umgekehrt

-   Mit Hilfe des Partners/der Beziehung Ordnung in ihr Leben bringen

- Sich verantwortungsbewusst gegenüber dem Partner zeigen

- Eine erwachsene Beziehung zwischen zwei selbstverantwortlichen Partnern anstreben

- Zu hohe Ansprüche sich selbst und dem Partner gegenüber auf menschliches und von Menschen machbares Niveau absenken

- Eine eigene Beziehungsform nach eigenen Richtlinien finden anstelle der vorgegebenen Ordnung Ehe und Moral bzw. anderer vorgegebener Ordnungen anderer Gemeinschaftsformen (alternativ, spirituell, esoterisch etc.)

- Sich von einengenden, wesensfremden Pflichten freisprechen und stattdessen nur Treue und Ausdauer in intakten Beziehungen aufbieten

- Liebe zu Ordnung sowie ihre Berufsbezogenheit bei sich akzeptieren, um diese Akzeptanz auch beim Partner anzuziehen

- Gemeinsam die Beziehung planen und realistisch in die Tat umsetzen

- Ihre Weiblichkeit in den Attributen ordentlich, verlässlich, fleißig, diszipliniert, berufsbezogen und erdverbunden erkennen und ausbauen

- Eine Lady/ein Gentleman sein

- Konkrete Planung, geregelter Tages- /Lebensablauf, eigene Richtlinien, sich Autorität sein, eine eigens gestaltete Ordnung anstreben, langsam und schrittweise, um wieder zum inneren Gleichgewicht zurückzufinden.

ÜBUNGEN J

1. Was kennzeichnet die Weiblichkeit der Venus/Saturn-Persönlichkeit?

2. Was bedeuten Liebe und Zuneigung für sie?

3. Welche Formen der Beziehung entsprechen den folgenden Konstellationen:
a. Venus im Steinbock im 11. Haus?
b. Venus im Steinbock im Quadrat zum Mond im Widder?
c. Venus im Steinbock im Trigon zum Mars in der Jungfrau?
d. Venus im Skorpion im 10. Haus?

11. WAAGE-VENUS - URANUS

Tierkreiszeichen Waage im 11. Haus / TKZ Wassermann
im 7. Haus
Venus im Wassermann (Uranus in der Waage)
Venus im 11. Haus (Uranus im 7. Haus)
Aspekte zwischen Venus und Uranus
Aspekte zwischen Uranus und DC

Essenz

Beziehungsfähigkeit und Attraktivität durch Ausbruch aus
zu fest gewordenen Lebensstrukturen und ein hohes Maß
an Freiheit und Ungewöhnlichkeit.

Grundspannung

Harmoniestreben, Zweisamkeit, Beziehung --- plötzliche
Brüche, Distanz, Freundesmensch, Freiheitsstreben.

Lösung

In der Beziehung Freiheit und Distanz lernen.
Rücknahme der Projektionen auf den Partner als Ein-
schränker der Freiheit und stattdessen Selbstbefreiung von
inneren Begrenzungen, Ängsten und Tabus.
Als freier Mensch zu einer freiheitlichen Beziehung fähig
sein.
Freundeskreis und Beziehung gleichberechtigt verbinden.

Wunde

Plötzlicher Bruch einer Beziehung; plötzliches Verlassenwerden durch den Partner.
Nicht der/die einzige zu sein.
Eiskalte Distanz des Partners.

Heilung

Die Eigenschaften des extremen Freiheitsdrangs und der plötzlichen Brüche wie auch des Distanzschaffens, evtl. durch Fremdgehen, bei sich selbst wahrnehmen und akzeptieren.
Abwechslung, Abstand und Überraschungen selbst in die Beziehung einbringen, damit dies nicht durch Fremdgehen passieren muss (falls man diese Seite der Konstellation satt haben sollte).
Keine gewöhnliche Beziehung anstreben und führen wollen.
Freiwillig Distanz zwischendurch schaffen (alleine Unternehmungen starten etc.).

Selbstbild

Ich habe mir echte Freiheit und Unabhängigkeit sowie ein ungewöhnliches Beziehungsmodell im Leben geschaffen, daher kann ich meine Art der Partnerschaft führen und fühle mich attraktiv.

1. Attraktivität und Schönheit

Ungewöhnlich und auffallend

Die Venus/Uranus-Persönlichkeit verbindet Attraktivität stets mit Menschen und Situationen, die aus der Reihe fallen und nicht der gängigen Masse zuzuordnen sind.

Auch sie selbst will natürlich diesem Anspruch Genüge tun, was sich schon in einer etwas schrillen oder zumindest nicht den offiziellen Moderegeln entsprechenden Kleidung und Gesamterscheinung ausdrücken kann.

Auch das Benehmen lässt oft in den Augen des Knigge-Anhängers einige Wünsche offen, was durch die Liebe zur Unberechenbarkeit und Spontaneität noch Verstärkung findet.

Die Venus/Uranus-Persönlichkeit mag es bunt, außergewöhnlich und abwechslungsreich. Für sie heißt Schönheit, sich von der Herde abzuheben und in den höchsten Gefilden ihrem Freiheitsdrang zu frönen, nicht eingebunden zu sein in feste Raster, sondern spontan ihren Eingebungen folgen zu können.

2. Beziehungsart

Distanz und Freundschaftlichkeit

Oberstes Gebot einer Uranusbeziehung sind Freiheit und Abstand. Dieser Abstand wird dabei auch zu sich selbst (als den ersten und wichtigsten Lebenspartner schlechthin) erwünscht und hergestellt, also auch zu seinen verschiedenen inneren Seiten, zwischen denen hier ebenfalls nicht der enge Kontakt bestehen wird. Eine andere Version, mit Uranus umzugehen, bestünde darin, Gleichberechtigung und Gleichheit zu schaffen zwischen all seinen Seiten als Grundvoraussetzung für eine echte, ernstzunehmende Gleichberechtigung zum Partner.

Doch zurück zum Abstand. Für diesen gibt es verschiedene Verwirklichungsformen:

1. Fremdgehen

2.Unberechenbare Arbeitszeiten (Schichtdienste; Pilot oder Stewardess; Krankenhaus-Arzt oder Krankenschwester; Künstler oder andere Selbständige mit unmöglichen Arbeitsanwandlungen etc.)

3. Extreme Unterschiedlichkeit zwischen den Partnern

4. Anstreben einer realen Freiheit in sich und der Beziehung: die Projektion auf den Partner zurücknehmen, dass er oder die Umstände der Beziehung einem einschränken würden.

Stattdessen:

- Wahrnehmung der inneren und äußeren Selbstbegrenzungen und der Notwendigkeit, diese eigenständig zu durchbrechen.

- Sich eine Beziehungsform erdenken und damit auch umsetzbar machen, die jede Menge an Luft zum freien Atmen lässt, die Unabhängigkeit (Voraussetzung: absolute Selbstverantwortung) an erste Stelle stellt.

- Freiwillige Brüche und Diskontinuität in die Beziehung einbauen sowie ein hohes Maß an Selbständigkeit (eigene Wohnungen, eigene Urlaube, eigene Freunde, eigene berufliche Befriedigung, eigene Finanzen, eigene Sichtweisen, eigene Lebensziele).

- Ggf. Beziehungspausen in bestimmten Abständen, in denen alles erlaubt ist (falls man solche Ausbruchsbegierden noch in sich verspürt), um eine aufkeimende Hochspannung und den daraus folgenden Knall (plötzliches Ende) zu verhindern.

Bei Uranus empfiehlt sich immer die freiwillig kreierte Unabhängigkeit und Freiheit, damit nicht zu enge Strukturen entstehen, die durch einen (ersatzweise) von außen eingeleiteten Bruch zerschlagen werden müssen. Die Venus/Uranus-Persönlichkeit sollte sich daher eine sehr abwechslungsreiche Beziehung gestalten, in der Eigenraum bzw. das Zusammensein mit Freunden genauso wichtig genommen wird wie die Verbundenheit mit dem Partner.

Ihr Bedürfnis nach Spannung und plötzliche Wechsel sollte sie zuerst selbst befriedigen können, d.h. in der Partnerschaft eigenständig einfließen lassen wollen und können, um den gewünschten Freigeist an Partner anzuziehen, der ebenso auf eine solche Beziehungs-Nichtstruktur aus ist wie sie selbst.

Elementar bei dieser Konstellation ist es, sich den Wunsch nach Ungewöhnlichkeit, viel Freiheit und Distanz einzugestehen und nicht nach einer üblichen, fixen Zweierkiste Ausschau zu halten und sich dann zu wundern, dass man sie nicht bekommt, der Partner ersatzweise fremd geht oder man selbst plötzlich vor einer außergewöhnlichen großen Liebe steht, obwohl zuhause doch noch die alte Beziehung besteht, also man auch zum Fremdgehen Anregung findet.

Wie diese Ungewöhnlichkeit dann aussieht, muss ausprobiert und erfunden werden. Wesentlich ist jedoch, sich diese überhaupt erst einmal vorzunehmen und nicht weiter dem anerzogenen, braven Partnerschaftsbild nachzueifern, das gar nicht dem inneren Wesen entspricht.

Die Beziehung (dazu in erster Linie das entsprechend entwickelte eigene Partnerdasein und -verhalten) sollte die eigene Spontaneität und Verrücktheit, die Freude am Ausbruch und an seinen Visionen, den Wunsch nach Gleichberechtigung (innen angefangen) befriedigen können. Die Freundschaftlichkeit und Hilfsbereitschaft zwischen den Partnern wird höher gestellt als heiße Leidenschaft und Emotionalität.

3. Zeichen der Liebe

Freiraum

Liebe heißt für die Venus/Uranus-Persönlichkeit, sich vollkommene Unabhängigkeit zu gewähren, was nicht auf die sexuelle Ebene bezogen sein muss, wenn auch anfangs Freiheit hier schon verwechselt werden kann mit der nicht gerade originellen Fähigkeit, auch noch andere Menschen mit seiner Sexualität zu beglücken. Dass dies nur eine Übergangsphase bis zur realen inneren und damit auch äußeren Freiheit sein kann, ist offensichtlich.

In einer Uranusbeziehung will man seinen Freiheitsdrang ernsthaft verstanden wissen und besteht auf absolutem Auslauf, den man dann dem anderen natürlich auch gewähren muss.

Liebe heißt hier, sich ständig etwas Neues einfallen zu lassen, Abwechslung und Überraschungen aufzubieten (wenn möglich angenehme) und keinen Bindungsdruck auszuüben.

Die Festigkeit und Stabilität einer solchen Verbindung hängt einzig und alleine vom hergestellten Freiheitsgrad ab. Die Beziehung wird als Team gesehen, in der man zusammenwirkt und sich aus freien Stücken heraus, ohne jede Erwartungshaltung und Druck gegenseitig unterstützt.

4. Die Weiblichkeit

Freiheitsliebe und Eigenwille

Die Weiblichkeit der Venus/Uranus-Persönlichkeit zeichnet sich durch die Aversion, einplanbar und berechenbar zu sein, aus. Sie begehrt auf, wenn sie in routinierte Strukturen eingepresst werden soll, braucht viel Freiraum und Möglichkeit zur Abwechslung, zu plötzlichen Brüchen in ihrem Leben. Sie will ihre Spontaneität jederzeit zum Ausdruck bringen können und lässt sich ungern an die Leine, von wem und was auch immer, legen.

Chaos und Unruhe, aus denen etwas Neues erwachsen kann, insbesondere was ihr ihre Visionen und Eingebungen einflüstern, sind ihr wesentlich lieber als Sicherheit und eine feste Bahn und Ziellinie.

Die Fähigkeit zu Veränderungen und sich in eine Gemeinschaft, in eine Zusammenarbeit mit anderen einzubringen, stärken in gleicher Weise ihre weibliche Seite wie der Kampf für Gerechtigkeit und Gleichberechtigung (der - wie immer - zuerst in ihr selbst ausgefochten werden muss).

5. Herstellung des inneren Gleichgewichtes

Ausbruch

Um wieder zur inneren Mitte zurückzufinden benötigt die Venus/Uranus-Persönlichkeit frischen Wind um die Nase, sowohl im wörtlichen wie im übertragenen Sinne. Sie muss einfach raus, muss Distanz gewinnen und etwas völlig anderes als zuvor tun und spontan aus dem Alltag, dem bisherigen Leben ausbrechen.

Auch Unternehmungen mit Freunden oder anderen

Gleichgesinnten verhelfen ihr dazu, ihr inneres Gleichgewicht wiederzugewinnen, sowie das Beenden alter, überholter Lebensstrukturen, die ihrer jetzigen Entwicklungsphase nicht mehr genügend Raum zur Entfaltung geben.

6. Lieblingsprojektionen

Das negative Frauen- bzw. Partnerbild: Unruheherd, nervös, zappelig, nervend; sich auf nichts einlassend; cool; zu distanziert; kein Gefühl; Freunde sind wichtiger als die Beziehung; unberechenbar; chaotisch.

Auf körperlicher Ebene als Zeichen der passiven Manifestation: Erkrankungen der Nieren aufgrund mangelnder Selbstbefreiung und Distanz; Erkrankungen des Nervensystems oder der Unterschenkelregion aufgrund von Partnerschaftsproblemen. Wanderniere. Hautjucken, besonders am Unterschenkel.

Konkrete Förderungen für die Waage-Venus/Uranus-Persönlichkeit

-   Ihre Attraktivität in ihrer Ungewöhnlichkeit, im Auffallen, in ihrer inneren und äußeren Farbenpracht, ihrer Fähigkeit, Abwechslung, Spannung und Durcheinander einzubringen, erkennen und entwickeln

-   Sich von dem Phänomen der normalen Beziehung verabschieden

-   Sich ein völlig unkonventionelles Beziehungsmodell entwerfen, in dem genügend Möglichkeiten zu Veränderungen, Freiraum und spontanen Aktivitäten jeder Art bestehen

- In der Partnerschaft Distanz und Diskontinuität bewusst ermöglichen und herstellen (z. B. getrennte Wohnungen, getrennte Freunde, getrennte Freizeitbeschäftigungen, getrennte Finanzen, getrennte berufliche Aktivitäten, getrennte Reisen, Beziehungspausen)

- Überraschungen und Abwechslung in die Beziehung einbringen

- Die Beziehung als Team sehen, als Gemeinschaft mit freiwilliger Freundschaftlichkeit und Hilfsbereitschaft

- Kein Bindungsdruck

- Keine Alltagsbeziehung

- Keine zu tiefe Emotionalität in der Partnerschaft

- Ihre Weiblichkeit in ihrem chaotischen, eigenwilligen, leicht verrückten und ungewöhnlichen Wesen erkennen und entfalten, ebenso in der Fähigkeit zu Selbstbefreiung und Gemeinschaftssinn.

- Ausgleich in sich wiederherstellen durch Unternehmungen mit Freunden oder Ausbruch aus dem Alltag, durch Befreiungsaktionen aus zu festen Lebensstrukturen.

ÜBUNGEN K

1. Was macht die Schönheit der Venus/Uranus-Persönlichkeit aus?

2. Was sind für sie die wesentlichsten Zeichen, geliebt zu werden, bzw. wie zeigt sie selbst am besten ihre Zuneigung?

3. Welche Beziehungsformen würden Sie vorschlagen:
a. Venus im Wassermann im 5. Haus?
b. Venus im Wassermann im Quadrat zum Mond im Skorpion?
c. Venus in den Fischen im 11. Haus?

12. WAAGE-VENUS - NEPTUN

Tierkreiszeichen Waage im 12. Haus / Tierkreiszeichen
Fische im 7. Haus
Venus in den Fischen (Neptun in der Waage)
Venus im 12. Haus (Neptun im 7. Haus)
Aspekte zwischen Venus und Neptun
Aspekte zwischen Neptun und DC

Essenz

Beziehungsfähigkeit und Attraktivität durch Sensibilität,
Einfühlungsvermögen, Anderssein, Hingabe und Verschmelzung.

Grundspannung

Zweisamkeit --- globales, überpersönliches, nicht allein
partnerbezogenes Liebesgefühl.

Lösung

Einbringen der Sehnsucht und Fähigkeit, über seine Grenzen hinaus sich aufzulösen und anders zu sein, in die Beziehung.
Die Beziehung nutzen, um in Kontakt mit seiner Fähigkeit
der Auflösung und Verschmelzung zu gelangen.

Wunde

Der Griff ins Leere, ins Nichts innerhalb der Partnerschaft.
Der unerreichbare Partner, den man in seinen Träumen
herbeisehnt und der immer wieder entgleitet, sich auflöst,
wenn man ihn zu fassen glaubt.

Heilung

Seine Liebesfähigkeit von innen heraus aufbauen; den
Griff nach innen wagen.
Die unstillbare, grausame Sehnsucht nach dem Partner als
die Sehnsucht nach sich selbst bzw. der göttlichen Kraft
erkennen und sich endlich die Zuneigung und Akzeptanz
zukommen lassen, die man sich so lange von außen er-
träumt hat, und sich für die göttliche, ewig versorgende
Energie zu öffnen, die immer und in Überfluss für einem
da ist.
Neptunische Formen der Abgrenzung zum Partner finden
(regelmäßige Meditation, entsprechende Visualisierungen
etc.).

Selbstbild

Ich bin sensibel und auf meine Weise anders als die Masse, ich kenne meine Träume und Sehnsüchte und versuche
sie zu verwirklichen, daher kann ich meine Form von Beziehung aufbauen und fühle mich attraktiv.

1. Attraktivität und Schönheit

Sensibilität

Die Anziehungskraft der Venus/Neptun-Persönlichkeit liegt fernab dieser Welt. Es ist ihre Fähigkeit, sich in höhere Sphären weit über ihre persönlichen Belange hinauszubegeben und in einer größeren Einheit wieder zu finden. Dazu verfügt sie über Medialität, ein hohes Maß an Einfühlungsvermögen, an verschiedentlich umsetzbarer Selbstaufgabe.

Was sie schön macht ist ihre Weichheit, Empfindsamkeit, ihre romantische, sehnsuchtsvolle Note, ihre Liebesfähigkeit, die nicht an Personen gebunden ist, ihr phantasievolles, helfendes Wesen.

Auch ihr Äußeres drückt Unangepasstheit aus, die Fähigkeit, nicht auf Mode und den gerade aktuellen Chic achten zu müssen, sondern ihren völlig eigenen, andersartigen Stil zu finden sowie ihr sanftes Wesen zum Ausdruck zu bringen (z. B. durch weiche Stoffe wie Samt und Seide, weich fallende Kleidung etc.).

2. Beziehungsart

Sehnsucht und Romantik. Die etwas andere Beziehung

Die Venus/Neptun-Persönlichkeit kann sich erlauben, jede Verbindung zu normalen Beziehungsmustern und -verhalten ad acta zu legen. Sie sollte sich selbst davon erlösen, eine gewöhnliche Beziehung führen zu müssen.

Erst nach dieser Grundbedingung wird der Aufbau einer neptunischen Partnerschaft machbar. Sie zeichnet sich dadurch aus, dass intensive Verbundenheit durch ein Sich-Auflösen im Partner, in der Beziehung sich abwechseln mit Phasen des Alleinseins und des Rückzugs von dem andern, um wieder ihre Grenzen, ihre eigene Person spüren und in sich auffüllen zu können für einen erneuten Austausch.

Wird dieser Wechsel nicht freiwillig gestaltet, so werden Begebenheiten provoziert, die diese Loslösung ungewollt herstellen, sei es durch die zeitweise oder ganze Flucht des Partners ("ich geh nur mal kurz Zigaretten holen"), durch Fremdgehen oder z. B. eine berufliche Tätigkeit, die einem immer wieder allein dastehen lässt, und nicht zuletzt durch eine Entfernungsbeziehung.

Eine andere Variation der neptunischen Beziehung ist das Nichtvorhandensein des Partners in Form einer "Lebensuntauglichkeit" als Drogensüchtiger, Kranker, Arbeitsloser, Asozialer, Alkoholkranker oder Anhänger unverwirklichter Träume.

Typisch daher die Retter/Opfer-Konstellation, wobei Venus/Neptun beide Rollen symbolisiert. Es ist hier wichtig (ähnlich wie bei der plutonischen Täter/Opfer-Sado/Maso-Konstellation) zu sehen, dass beide(!) auf den anderen angewiesen sind, also auch der Helfer und Retter auf das Opfer, um seine Rolle weiter spielen zu können (Co-Abhängigkeit).

Der Traum einer jeden Venus/Neptun-Persönlichkeit ist das Aufgehen in einem möglichst ebenfalls neptunischen Partner. Daher ist es wichtig, sich aus der Beziehung eine Insel der Ruhe und innigen Verschmelzung zu schaffen, in der Alltag und Vernunft, Arbeit und Ordnung keinen Zugang haben, in der nichts bleibt, als die Anwesenheit des anderen vollkommen zu genießen und sich vollkommen in dieser Verbindung fallen zu lassen.

Man versucht zu erahnen, ohne Worte zu erfühlen, was dem anderen gefallen, wohltun, erfreuen könnte und wünscht sich insgeheim diese Hellsichtigkeit, dieses Einfühlungsvermögen natürlich auch vom anderen, was zu herben Enttäuschungen führen kann, denen man vielleicht auch notgedrungen durch klaren Ausdruck dessen, was man sich wünscht, entgegenwirken kann.

Enttäuschung und Desillusionierung sind ohnehin Bestandteile dieser Beziehungsart, wenn alle Träume auf den Partner projiziert wurden und er sich - völlig arglos - als eine ganz andere, nämlich ganz normale Person entpuppt, wenn die rosarote Brille nach einiger Zeit der Beziehung abgenommen wird.

Die Venus/Neptun-Persönlichkeit sollte sich genau klar sein über ihre Träume und Sehnsüchte im Beziehungsleben und als erstes versuchen, sich diese selbst, aus sich heraus zu erfüllen, um auch etwas geben zu können, und zweitens sich unabhängiger vom Partner zu machen. Klar bleibt der Wunsch nach seliger Auflösung im anderen zu Recht bestehen, aber es ist etwas anderes, wenn man diesen Zustand auch z. B. im Versinken in einer künstlerischen Tätigkeit oder in tiefer Meditation erreicht als sie einzig und allein nur durch den Partner erleben zu können.

Die Festigkeit dieser Beziehung hängt in erster Linie ab von der Fähigkeit loszulassen, den Wechsel zwischen Auflösung und Alleinphasen eigenständig zu bewältigen, und der gänzlichen Verabschiedung von jeglicher Normalität in der Art des Zusammenlebens. Es bedarf der neptunischen Phantasie und herrlichen Unvernunft, diese andere Version der Beziehung in die Wirklichkeit umzusetzen.

3. Zeichen für Liebe

Verschmelzung

Neben dem Wunsch nach stiller, nie enden wollender Verschmelzung mit dem Partner, der vollkommenen Hingabe und Selbstauflösung, muss auch das Bedürfnis nach Zeiten des Alleinseins vom Partner ohne Probleme akzeptiert werden (Voraussetzung: man muss sie erst selbst in Ordnung finden und nicht als mangelnde Liebe betrachten).

Für die Venus/Neptun-Persönlichkeit ist es weiterhin ein Zeichen von Liebe, wenn ihr keine gewöhnliche Beziehungsform abverlangt wird (als Folge der Liebe zu sich selbst, indem sie sich diese selbst nicht mehr abverlangt).

Außerdem ersehnt sie sich, dass der Partner ihre Wünsche intuitiv erfasst und erfüllt, sie nicht viel zu erklären braucht, sondern ohne Worte verstanden wird. Auch die Fähigkeit, eine ruhige, romantische Atmosphäre zu schaffen, betrachtet sie als eine Form, dem anderen seine Zuneigung zu zeigen.

Bei aller Sehnsucht nach stiller Einheit ist es sinnvoll, nicht nur im Alleinsein, sondern auch beim Zusammensein mit dem Partner sich nicht endlos im anderen zu verlieren, sondern wenigstens ab und zu Grenzen als eigene Persönlichkeit zuzulassen und damit erst zu einer eigenen Person zu werden, die den anderen dann ebenfalls als eigenen Menschen wahrnimmt. Es kann nur dann eine Person lieben und geliebt werden, wenn sie auch da ist, dann aber mit der feinfühligen, sensiblen Art, wie es dieser Konstellation entspricht.

4. Die Weiblichkeit

Die empfindsame Helferin/Künstlerin

Die Weiblichkeit der Venus/Uranus-Persönlichkeit drückt sich über ihre Sensibilität und Fähigkeit aus, einen überpersönlichen Dienst zu leisten, also ihre Eigenbedürfnisse ganz zurückzustellen, um in einer höheren Aufgabe aufzugehen.

Sie zeigt sich als weiche, romantische und sanfte Frau, die leicht Zugang zu ihren heilenden Kräften erhält. Sie betätigt sich gerne in helfenden, sozialen, aber auch künstlerischen Bereichen und versteht es, Menschen und Situationen intuitiv zu erfassen und herauszufühlen, was hinter einer Sache wirklich steckt.

Sie entwickelt ihre Weiblichkeit am besten, wenn sie ihr Anderssein entdeckt, akzeptiert und in sozialer, heilender oder künstlerischer Form umsetzt, wenn sie sich ihre Träume und Sehnsüchte eingesteht und sie in ihrer eigenen Weise zu verwirklichen versucht.

Weiblichkeit heißt für sie nicht, die üblichen weiblichen Attribute zur Schau zu stellen, sondern ihr tiefes, echtes Bedürfnis, zu helfen sowie sich von den üblichen Lebensauflagen zu lösen, um ihre tatsächliche, von der Allgemeinheit abweichende Natur zum Vorschein gelangen zu lassen, zu fühlen und in eine ihr gemäße Form zu bringen.

5. Herstellung des inneren Gleichgewichts

Ruhe und Alleinsein

Die Venus/Neptun-Persönlichkeit muss sich von allem Rummel und Außenreizen zurückziehen, um wieder in ihre innere Mitte zurückfinden zu können. Sie benötigt absolute Ruhe, wenn möglich eine sanfte, meditative Atmosphäre (schöne Musik, Kerzenlicht), eine Umgebung, in der sie sich unbesorgt hingeben kann, ohne dass Menschen (es sei denn sie sind sehr neptunisch) oder Alltagsangelegenheiten an sie herankommen.

Es muss die Möglichkeit bestehen, vollkommen loszulassen und sich ihren inneren Bildern, Phantasien und Sehnsüchten zu widmen, bzw. sie ungestört vorbeiziehen zu lassen, ohne sich einzumischen, einfach in verschmelzender Verbundenheit zu stehen, mit dem was auftaucht.

Auch eine helfende oder künstlerische Tätigkeit, das Gefühl, gebraucht zu werden, ermöglichen ihr, ihr inneres Gleichgewicht wiederherzustellen. Ebenso förderlich wirken sich Wasser, ein See, das Meer dafür aus, sowie jede Form der Meditation.

6. Lieblingsprojektionen

negativ erscheinendes Bild von Frauen bzw. Partnern: verträumt, Transuse, abgedreht, fern der Heimat, überempfindlich, Mimose, unvernünftig, schlampig, faul, ausgestoßen, unzuverlässig, süchtig, kränkelnd, lebensuntauglich, etwas merkwürdig.

Auf der körperlichen Ebene als Zeichen der passiven Manifestation: Erkrankungen der Nieren aufgrund mangelnder Abgrenzung von der Gewöhnlichkeit, aufgrund Mangel an realer Umsetzung seiner Träume und Sehnsüchte, seines Andersseins. Erkrankungen des Fußes oder Suchtverhalten aufgrund von Beziehungsschwierigkeiten.

Konkrete Förderungen der Waage-Venus/Neptun-Persönlichkeit

- Ihre Attraktivität als anders wahrzunehmen als die übliche; sie in ihrer Empfindsamkeit und ihrem helfenden, romantischen, künstlerischen Wesen begründet sehen

- Sich vom üblichen Beziehungsmodell lösen

- Ihre Träume bzgl. Partnerschaft genau definieren und für sich zu verwirklichen suchen

- Ihre Sehnsüchte dem Partner gegenüber als eigentlich sich selbst bzw. dem Göttlichen gegenüber erkennen und sich erfüllen bzw. sich dafür öffnen

- Eine unorthodoxe Partnerschaft aufbauen, in der ein selbst geschaffener Wechsel zwischen vollkommener Verschmelzung und Alleinsein stattfindet

- Partnerschaft als Insel der Ruhe, des Loslassens, des Abstands zum Alltag und aller Vernunft

- Die Bedürfnisse des Partners erfühlen und ihm erfüllen

- Zu feste, konventionelle Verbindungen auflösen

- Eine romantische, sanfte Atmosphäre für ein Zusammentreffen schaffen

- Sensibilität und Einfühlungsvermögen in der Beziehung entwickeln

- Ihre Weiblichkeit in ihrer Empfindsamkeit, ihrer sozialen, heilenden, helfenden und künstlerischen Ader entdecken und entfalten, in ihrer Fähigkeit, in einer größeren Aufgabe aufzugehen und dabei ihre persönlichen Wünsche zurückzustellen, außerdem in ihrer Fähigkeit, ihre Träume zu erkennen und in die Realität umzusetzen

- Ihr inneres Gleichgewicht durch Alleinsein, Ruhe, Rückzug oder bestenfalls das Zusammensein mit sehr neptunischen Menschen, gegen die sie sich nicht abzugrenzen braucht, wiedererlangen, ebenso durch helfende Tätigkeiten oder künstlerisches Tun und Meditation.

ÜBUNGEN L

1. Was macht die Venus/Neptun-Persönlichkeit attraktiv?

2. Wie kann sie ihre Weiblichkeit fördern?

3. Welche Beziehungsformen würden sie vorschlagen:
a. Venus in den Fischen im 4. Haus.
b. Venus in den Fischen im 8. Haus.

3. HEIMKEHR IN DIE ESSENZ
DER AHNEN

Energieöffnungsübung

Wählen Sie eine wesentliche Waage/Venus-Konstellation heraus, die in Ihrem Horoskop und dem Ihres Vaters oder Ihrer Mutter vorkommt, möglichst eine Konstellation mit einem überpersönlichen Planeten, also Venus/Saturn, Venus/Uranus, Venus/Neptun oder Venus/Pluto, je nachdem, was auf Sie zutrifft. Wenn Sie wollen, können Sie auch die Horoskope der Vorfahren Ihrer Eltern ausfindig machen und nachsehen, wo diese Energie innerhalb der Ahnenreihe noch fließt und von wem das ausgewählte Elternteil ihrerseits ihre Energie erhält. Selbstverständlich können Sie die Übung auch mit allen anderen übereinstimmenden Venus-Konstellationen durchführen:

Wählen Sie sich einen Ort und einen Zeitraum aus, an dem Sie sicher ungestört sind. Stellen Sie sich bequem hin und stellen Sie sich die ausgewählte Venuskraft als Energiekugel in sich und dem gewählten Elternteil, das hinter Ihnen steht, vor und wie ein Energieband diese beiden Kugeln verbindet. Sie spüren, wie Sie von diesem Band schon immer mit dieser Art der Venuskraft versorgt und genährt werden und auch auf immer versorgt sein werden.

Spüren Sie den ständigen Strom der Venus-Energie, wie er von Ihrem Vater bzw. Ihrer Mutter in Ihre Energiekugel einfließt. (wenn Sie wollen, können Sie sich auch die verkörperte Venuskraft aus früheren Generationen vorstellen, die in einer Linie hinter dem Elternteil stehen, und von denen die Kraft zu Ihrem Vater/Ihrer Mutter fließt und diese wiederum versorgen, unabhängig davon, ob diese vorhergehenden Ahnen noch leben oder nicht).

Bleiben Sie in aller Offenheit und Aufnahmebereitschaft, in dem Gefühl der Verbindung und Verbundenheit und des Versorgtseins.

Wenn Sie möchten, können Sie sagen: Dir/Euch zu Ehren mache ich etwas aus dieser Energie, auf meine Weise. Und gehen Sie in Gedanken mit diesem Gefühl ein paar Schritte nach vorne, versorgt und doch völlig eigenständig in Ihrer eigenen Umsetzung dieser Venus-Kraft.

Wenn die jeweilige Energie von Ihnen bei dem Elternteil oder einem anderen Vorfahr als sehr negativ erlebt wird, können Sie sich auch umdrehen und sagen: „Ich gebe Dir die Ehre (dabei verbeugen Sie sich). Ich achte die Form, wie Du die ....-Energie lebst, und lasse sie bei Dir, in Liebe und Respekt. Ich lebe sie in meiner Weise. Bitte schaue freundlich auf mich und gib mir Deinen Segen." Drehen Sie sich wieder um mit dem Blick nach vorne. Gehen Sie mit der Vorstellung, Ihren eigenen Weg zu gehen, mehrere Schritte nach vorne.

Machen Sie sich ein Bild davon, wie diese eigene Form aussehen soll.

Bedenken Sie, dass diese Übung eine tiefe Wirkung auf Sie ausüben kann und geben Sie sich deshalb genügend Zeit, bis Sie sie mit dem anderen Elternteil oder einer weiteren Venuskraft wiederholen.

4. DIE BEZIEHUNGSWELT

DIE 12 BEZIEHUNGSARTEN

Auch wenn man sich gerne auf die sexuelle Partnerschaft als Hauptfaktor des Beziehungslebens beschränkt, sollte man doch gerade im angehenden Wassermannzeitalter (=Gemeinschaftsorientierung, Relativität) verinnerlichen, dass dies lediglich eine Art der Begegnung darstellt und langfristig, mit zunehmender innerer Gleichstellung aller Persönlichkeitsanteile, auf die gleiche Stufe der anderen Beziehungen im Leben gelangen möge (subjektive Meinung der Autorin).

Je mehr man seine Wesenheit im Inneren erkennt und im Äußeren manifestiert, umso weniger muss die Zweierbeziehung auf einen besonderen Podest gestellt und als Projektionsfläche für so viele nicht selbst gelebte Fähigkeiten dienen.

Der Mensch wird frei, seine 12 Beziehungsmöglichkeiten in seiner ureigenen Weise voll und ganz auszuschöpfen:

1. Die körperlich/sexuelle/sportliche Beziehung

Anhand der Marsanalyse können wir erkennen, welcher Natur unsere körperlichen Bedürfnisse wie auch gleichzeitig Fähigkeiten sind. Diese können wir sowohl im sexuellen und sportlichen oder anderweitig körperlichen Bereich leben. Inwieweit wir uns dazu mit einem anderen Menschen zu gemeinsamen Unternehmungen zusammenschließen, sollte, wie in jedem folgenden Bereich auch, aufgrund der erworbenen Eigenständigkeit unsere freie Wahl sein und nicht eine Notwendigkeit, weil wir alleine nicht zurechtkommen.

Wir beziehen uns körperlich auf den/die anderen.

2. Die sinnlich-genüssliche, die finanzielle Beziehung

Die Stier-Venusanalyse gibt Auskunft darüber, welcher Art unsere Wünsche und Potenziale im Bereich der Sinnlichkeit und Genussfreude wie auch im Erwerb von Geld und Eigentum aussehen. Auch hierbei können wir Beziehungen zu unseren Mitmenschen, sei es nun zum gemeinsamen Genießen oder auf geschäftlicher Ebene, aufbauen.

Wir beziehen uns materiell und zum Genießen auf den/die anderen.

3. Die verbal-geistige Beziehung

Hier finden gemäß dem Zwillinge-Merkur die verschiedensten Kontakte zwecks verbalem und geistigen Austausch statt. Wir kommunizieren, sammeln mit Hilfe von Gesprächen, Büchern oder anderen Medien Wissen an, das in Begegnungen wieder weitervermittelt wird.

Wir beziehen uns in der Kommunikation auf den/die anderen.

4. Die emotionale/familiäre Beziehung

Anhand der Mondanalyse wird ersichtlich, welche Art der Gefühlsbeziehungen uns entspricht und was bzgl. Familien- und Wohnsituation unsere Natur unterstützt und widerspiegelt. Wir öffnen demgemäß unser Herz und lassen emotionale Verbindungen entstehen, die nicht unbedingt auf den sexuellen Partner begrenzt sein müssen (sexueller

Partner klingt etwas platt für die damit gemeinte Zweierpartnerschaft, doch wird diese immer noch durch das
Vorhandensein von sexueller Vereinigung mitdefiniert;
eine Beziehung beginnt, wenn man das erste Mal miteinander geschlafen hat; Fremdgehen beginnt stets erst mit
einem sexuellen Seitenschritt nicht mit einem emotionalen
oder geistigen; Besitzansprüche beginnen ebenfalls ernsthaft ab dem Zeitpunkt, an dem Sex mit im Spiel ist; daher
hier die Zweierbeziehung, wie man sie kennt, hier der
Einfachheit halber auf den Ausdruck sexuelle Beziehung
reduziert).

Auch die Verbindungen zur Herkunfts- oder selbst
aufgebauten Familie, zu Kindern zählen dazu.

Wir beziehen uns gefühlsmäßig auf den/die anderen.

5. Die künstlerisch/kreative, die unternehmerische Bezie-
hung

Die Sonnenanalyse lässt erkennen, welcher Art unsere
kreativen und unternehmerischen Fähigkeiten sind und
wie wir uns auf diesem Gebiet Verbindungen zur Außenwelt wünschen.

Wir beziehen uns über unseren schöpferischen Selbstausdruck, unsere Einzigartigkeit und unsere Unternehmungen auf den/die anderen.

Auch die Art, wie wir unsere Sexualität gestalten und
wie wir unsere väterliche Seite, unsere Herzenswärme in
eine konkrete Form bringen, zählt zu den Sonnequalitäten.

Wir beziehen uns deshalb auch (neben Mars) sexuell
und als Führungskraft auf den/die anderen sowie als Ausdruck unserer Einzigartigkeit.

6. Die Arbeits-/Gesundheitsbeziehung

Hier wird gemäß der Jungfrau-Merkuranalyse unsere Art der Arbeit und der Gesundheitsvorsorge/des Gesundheitsverständnisses entwickelt und damit die Grundlage für entsprechende Beziehungen gebildet.

Wir beziehen uns in unserem Arbeitsleben oder aufgrund unserer Art des Gesundheitsverständnisses auf den/die anderen.

7. Die Liebesbeziehung

Mit Hilfe der Waage-Venusanalyse wird klar, welche Beziehungsform und welches Partnerverhalten uns gleichkommen und als individuelle Persönlichkeit auszeichnen.

Gemäß dieser Selbstentfaltung als Partner ziehen wir unseren Liebesgefährten an und bauen eine Partnerschaft auf.

Wir beziehen uns aufgrund von Zuneigung und Gemeinsamkeit auf den/die anderen.

8. Die Beziehung für tabulose, unkontrollierte Tiefgänge
Die Beziehung zur Konfrontation mit dem Verdrängten
Die Beziehung zur tiefen Wandlung

Hier besteht das Potenzial zur intensivsten Beziehung, nämlich die mit unseren verdrängten Abgründen, mit dem schwarzen weil unbewussten Teil unserer Seele.

Die Pluto-Analyse klärt auf, in welcher Form und welchem Lebensbereich diese Konfrontationen mit uns selbst und in Verbundenheit zu unseren Mitmenschen stattfinden können.

Wir beziehen uns zum tiefen Kontakt (bzw. aus dem

tiefen Kontakt heraus) zu unserer inneren Finsternis mit dem/den anderen und um dadurch in unserer alten Form zu sterben und wieder neu aufzuerstehen.

9. Die höhergeistige, Sinn suchende Beziehung/die Mitstudenten des Lebens

Die Jupiteranalyse gibt Aufschluss darüber, worin wir den Sinn unseres Lebens sehen und was für uns Bildung, Weiterentwicklung und Expansion bedeuten.

Demgemäß ziehen wir Mitmenschen für eine höhergeistige Verbundenheit an.

Wir beziehen uns zur gemeinsamen Sinnfindung aufeinander.

10. Die berufliche/gesellschaftliche Beziehung

Anhand der Saturnanalyse werden wir mit unseren beruflichen und strukturierenden Kräften und Fähigkeiten vertraut gemacht, lernen wir unsere Berufung kennen. Aus deren Entfaltung heraus nehmen wir passende Kontakte zu unseren Mitmenschen auf.

Wir beziehen uns im beruflichen Bereich und aufgrund unserer Art, Ordnung und Struktur zu schaffen, auf den/die anderen.

11. Die Freundes-/Gemeinschaftsbeziehung

Die Uranusanalyse zeigt auf, was uns als Freund auszeichnet und von welchen Gruppen wir uns angezogen fühlen, welcher Gemeinschaft wir verwandt sind und wie unser Bedürfnis nach (Selbst-)Befreiung aussieht bzw. es gestillt werden kann.

Wir beziehen uns im freundschaftlichen Sinne und für mehr Freiheit auf den/die anderen.

12. Die Beziehung zur Verschmelzung und das Leben unseres Anderssein

Aus der Neptunanalyse wird ersichtlich, was unser Anderssein ausmacht, wo wir helfende und heilende Fähigkeiten entwickeln und uns aus der reinen Vernunft und Zweckorientierung herauslösen, wo wir mit einer überpersönlichen Aufgabe oder einem anderen Menschen verschmelzen und damit wieder die Einheit, die Einbindung in ein größeres Ganzes wahrnehmen können.

Wir beziehen uns, um in einer anderen Person aufzugehen und - auch dadurch - unsere Träume und Sehnsüchte, letztendlich nach dem göttlichen All-ein-sein zu stillen.

Wie man sieht, gibt es neben der Liebesbeziehung mit sexueller Interaktion noch andere, ebenso wertvolle Beziehungsmöglichkeiten und Verbindungen, die genauso das Recht haben, geknüpft und gepflegt zu werden wie die Zweierpartnerschaft.

Je mehr man diese 12 Beziehungsarten auch auf andere Menschen als nur auf den Partner verlagert, umso eigenständiger und freier kann eine Liebesbeziehung gestaltet werden.

Man schöpft aus seinen verschiedenen Kontakten und daraus folgenden Erfahrungen, während man mit dem Partner zusammen ist. Die oft immense Erwartungshaltung ihm gegenüber nimmt auf eine menschliche, machbare Form hin ab.

Andererseits ist es aber auch so, dass je mehr wir eine

Verbindung zwischen allen Seiten in uns hergestellt haben, je mehr wir stets in unserer Gesamtheit da sind, auch umso mehr in dieser Gesamtheit in alle Beziehungsarten, in alles Tun und Handeln, in alle Begegnungen einfließen werden. Die Aufspaltung in die verschiedenen Partnersorten verliert sich, löst sich auf, je mehr sich die Grenzen zwischen den einzelnen Wesensanteilen in uns auflösen.

Dabei muss z. B. die dann immer vorhandene Marskraft in verschiedenen Kanälen auftreten: mit dem Partner durch Sex, mit dem Sportsfreund durch ein Tennis-Match, mit dem geistigen Freund durch eine neue Idee usw., genauso wie sie allerdings auch gegenüber dem Partner in den verschiedensten Formen ein Ventil finden kann.

Alles ist in jedem. Jeder ist in allem - jeweils in individueller Weise -. Die einzigartige Gesamtheit wird letztendlich jedem gegenüber in unterschiedlichster Form zum Ausdruck gebracht. Die Aufspaltung in spezifische Beziehungen für spezifische Unternehmungen entfällt mit der Aufhebung der inneren Grenzen. Jeder in seiner Totalität ist immer ganz da, in immer gewandelter Form.

VENUS – DIE LIEBESBEZIEHUNG

1. Was ist Beziehungsfähigkeit?

Um seine Beziehungsfähigkeit zu entwickeln, bedarf es nicht des Beweises, eine ordnungsgemäße (je nach Gesellschaft, in der man lebt und der man damit - zumindest unbewusst - gefallen will, um anerkannt zu werden) Partnerschaft aufbauen zu können, sondern der alleinigen Hinwendung an sein persönliches Waage-Venuspotential.

Dieses für sich auszulegen, ein Zuhause zu finden und zu gestalten für genau diese Art des Partnerverhaltens und des Zusammenseins mit dem anderen, stellt für jeden eine andere Aufgabe, eine andere Voraussetzung dar, um beziehungsfähig zu sein.

Daher kann es keine allgemeingültigen Regeln, Maßstäbe und Tipps geben, wie am besten eine Partnerschaft gelingen kann, sondern nur die Verwirklichung seiner ureigenen Venuskraft.

Diese für sich selbst und für andere auszulegen, stellt eine viel gefragte Aufgabe insbesondere für den Astrologischen Lebensberater dar.

2. Das Rezeptorenprinzip

Jeder kann am besten die Energien als Liebesbeweis annehmen, die seiner Venuskonstellation (also siebtes Haus, Waage im Zeichen, Position und Aspekte der Venus etc.) entsprechen. Das muss nicht heißen, dass der andere zwingend dieselbe Venus haben muss, sondern ein ausreichendes Maß dieser Art von Energie in seinem Geburtshoroskop/Wesen zu finden sein sollte. Trifft ein Mensch mit einer Stier-Venus auf eine Person, die vier Planeten im zweiten Haus hat, ist sie gewiss genauso entzückt, wie wenn beim anderen eine Venus im Stier vorliegt.

Die gerne in der Astrologie verwendete C.G. Jung'sche Aufspaltung in Anima (astrologisch Venus, Mond) und Animus (Sonne, Mars) wird zwar auch von mir im nächsten Band kurz aufgegriffen, ansonsten jedoch zurückgestellt, da sie dazu anregt, sich mit seinem Teil (die Frau mit ihrer Anima und der Mann mit seinem Animus) zu identifizieren und die andere Seite - mal wieder - in der Außenwelt zu suchen, anstatt sie, wie alle anderen Persönlichkeitsanteile auch, selbst zu verwirklichen. Dieser Aufspaltung, dem Grundübel vieler Partnerschaftsquerelen, sollte so wenig wie möglich Vorschub geleistet werden.

Um nun die passende, so geliebte Energie beim anderen anzuziehen, also bzgl. seiner Venus den richtigen Partner zu finden, muss diese Kraft bei einem selbst optimal entfaltet sein und damit auch so offensichtlich wie möglich ausgestrahlt werden. Dies fällt so lange leicht, als man über eine immer gerne gesehene Waage- oder Krebs-Venus verfügt. Schwieriger sieht es schon aus, wenn diese im doch recht maskulinen Widder, im luftig-geistigen Wassermann oder gar in den "abgedrehten, seltsamen" Fischen steht. Dann gehört schon eine gehörige Portion Persönlichkeit dazu, diese Art Weiblichkeit als Frau und Mann und vor allem diese andersartige Beziehungsweise mit aller Selbstverständlichkeit an den Tag zu legen und frei heraus zu sagen, dass man kein artiger Partner ist, sondern eine eigene Wohnung will und ab und an seine Beziehungspausen benötigt.

Mit einem solchen Partnerverhalten aufzutreten, bedarf schon wesentlich mehr der Überwindung, stellt aber die Voraussetzung dar, um seinen genau passenden, ebenso "merkwürdigen" Partner aufzutun und ein glückliches Beziehungsleben in die Wege zu leiten.

Grundbedingung jeder gut gehenden Partnerschaft ist daher:

1. SICH ERKENNEN
2. SICH ENTFALTEN
3. SICH IN SEINER FORM OFFEN ZEIGEN

Somit ist erfüllt, dass ein adäquater Partner für ein konstruktives Beisammensein im jeweils individuell stimmigen Sinne gefunden wird.

Natürlich passt der Partner immer irgendwie zu seiner Machart. Reitet man z. B. auf der Welle der konventionellen Zweierbeziehung (die wunderbar ist, sofern man z. B. eine Steinbock-Venus hat), obwohl die Venus im Wassermann im 12. Haus steht, so wird man ebenso sein Pendant finden: allerdings in Form eines Partners, der trinkt (12. Haus) und fremdgeht (Wassermann). Beschweren darf man sich dann jedoch nicht.

Das Rezeptorenprinzip aus astrologischer Sicht besagt demnach, dass man vor allem das als Liebe annehmen und fühlen kann, was seiner Venusanalyse entspricht. Kommt z. B. eine Widder-Venus mit Brachialgewalt und überschäumender Triebkraft auf einen Waage-Venus-Menschen zu, so will sie ihm damit ihre Liebe zeigen und wird sich wundern, warum er höflich, aber sicher die Flucht ergreift. Für ihn bedeutet diese Art "Liebe" eher eine Bedrohung als ein Ausdruck von Zuneigung. In gleicher Weise wird die zärtliche, emotionale Umsorgung im trauten Heime einer Krebs-Venus bei dem berufs- und leistungsorientierten Steinbock-Venus-Typ auf äußerst taube Ohren stoßen.

Diese Fehlzusammenkünfte können schon einmal passieren, wenn durch einen Partner ein ganz bestimmtes Defizit im Persönlichkeitssystem aufgefüllt werden soll, so dass man sich voll und ganz auf diese eine Energie konzentriert in seiner Partnersuche und die anderen Seiten vielleicht gar nicht zusammenpassen, oder der andere ist Symbol und Projektionsfläche für einen gerade auf die eigene Venus stattfindenden Transiten. Diese Kluft wird sich jedoch bald zeigen.

Daher ist es bei jeder Partnersuche wesentlich, seine inneren Teile wenigstens so halbwegs im Lot und gleichermaßen selbst versorgt zu haben, um nicht zu solchen Einseitigkeiten hingerissen zu werden.

Zu streng darf man bei dieser Selbstentfaltung seiner Venusqualitäten allerdings nicht sein. Man lernt auch viel *in* einer Beziehung. Mir hat zumindest der Totalrückzug aus der Beziehungswelt zwecks perfekter Entwicklung meiner Persönlichkeit im Alleingang (was sich bei einer Widder-Venus leicht aufdrängen kann, insbesondere während des Transits von Saturn auf derselben) zwei Nierensteine beschert, so dass ich nur dringend dazu raten kann, ein gesundes Mittelmaß zwischen Beziehung und eigenständiger Selbstentfaltung herzustellen.

3. Die Kunst, sich zu trennen

Die Venusposition eines Menschen besagt nicht nur etwas über die Beziehungsform aus, sondern auch über deren Anfang (Eroberungsart) und Ende (Trennungsart).

Da in jedem Anfang neben der folgenden Blütezeit auch stets der Abschied beinhaltet ist, sollte man sich jede Planetenkraft viel eher als Kreisenergie anstatt einer linearer Linie vorstellen.

Das heißt hier, die Venus zeigt, wie man auf seinen Auserwählten zugeht, ihn auf sich aufmerksam macht, ihm seine Liebe zeigt, mit ihm eine Partnerschaft aufbaut, größte Freuden erlebt, die langsame Abflachung in Kauf nimmt und irgendwann ein Ende bereiten muss. Dieser Kreis, in dem jedes Ende, der Tod wie selbstverständlich eingebaut ist, wird insbesondere in unserer Kultur und Gesellschaft gerne übertüncht und man macht sich vor, jede Sache währe ewig. Doch geht dies bekanntlich an der Realität vorbei.

Daher, zur Übung quasi, im Folgenden eine kurze Zusammenfassung der Trennungsarten der Venus (die durch entsprechende Transite, meist Saturn, Uranus, Neptun oder Pluto noch modifiziert werden):

Mars-Venus
Impulsiv, ohne zu überlegen, schnell, den aktiven Part der Trennung übernehmen; nicht warten, bis er geht, sondern selbst gehen; lautstark, streitend, aggressiv.

Stier/Venus-Venus
Gut überlegt, mit Rücksicht auf die finanzielle Situation bzw. Konsequenzen; sehr ungern die Sicherheit aufgebend; lange festhaltend.

Zwillinge/Merkur-Venus
Kopfgesteuert, nach ausgeprägtem Nachdenken und Betrachten des pro und contra; rein geistige Entscheidung, sachlich.

Mond/Venus
Sehr emotional, viel Weinen, sich alleine und unversorgt fühlen, sein Zuhause der Partnerschaft verlieren, das Vertraute nicht hergeben wollen; weil das Gefühl jemand anderem gehört oder weil nicht mehr genügend Emotionalität in der Beziehung ist.

Sonne/Venus
Dramatisch, nicht zu übersehen, egoistisch, auch dabei noch was Besonderes sein wollen; der letzte Auftritt; sehr eigenständig.

Jungfrau/Merkur-Venus
Aus Vernunftgründen; ohne große Gefühlsanwandlungen; nach genauer Analyse und Betrachtung der Partnerschaft; Trennung als schwer zu verdauender Brocken.

Waage/Venus-Venus
Diplomatisch, ohne Streit, ohne verletzen zu wollen, ohne deshalb ganz auseinander zu gehen (Freundschaft aufrechterhalten), unentschlossen, freundlich, mit höflichem Lächeln.

Pluto/Venus
Ohne Worte; mit tödlichem Schweigen; oder gewalttätig, brutal, seelisch grausam, sadistisch; mit ausgeprägten Rachegefühlen und heimlichen Mordplänen; sich noch einmal von der schrecklichsten Seite zeigend, aber auch bereit zur intensiven Wandlung.

Jupiter/Venus
Voller Zuversicht und Selbstüberzeugung; arrogant; den Sinn suchend; Erkenntnisse daraus ziehen wollend.

Saturn/Venus
Ordnungsgemäß oder ordnungshalber; aus moralischen Gründen; gut geplant; ungern die Stabilität aufgebend;

hart und gefühlskalt; diszipliniert.

Uranus/Venus
Plötzlich, abrupt, unberechenbar, aus heiterem Himmel, mit Distanz und Eiseskälte. Oder freundschaftlich.

Neptun/Venus
Sich unauffällig davonschleichen; langsame Auflösung; sich entziehen; nicht mehr greifbar und erreichbar sein (vielleicht körperlich anwesend, aber nicht emotional bzw. als Partner), über Sucht oder Betrug, aus spirituellen Gründen. Weil der Traum beim Kontakt mit dem Alltag und der Realität geplatzt ist.

Es ist möglich, dass Partnerschaften, die diesen Kreislauf vor Augen haben, intensiver ablaufen als Beziehungen, in denen sich beide gemächlich niedergelassen haben mit der Bierflasche vorm Fernseher oder der karmisch bedingten Notwendigkeit des Zusammenseins vor Augen und meinen, dieses Kapitel sei hiermit für den Rest des Lebens erfolgreich abgeschlossen, weil man immer zusammenbleibt.

HALBSUMMEN

Halbsummen, die in diesem Studium nicht besonders hervorgehoben werden, aber dennoch erwähnt werden sollen, entstehen im einfachsten Fall durch die Halbierung der Winkelsumme zwischen zwei Planeten.

Steht z. B. der Mars auf 25 Grad Widder und die Venus auf 15 Grad Krebs, so besteht eine Winkelsumme von 80 Grad zwischen den beiden Planeten. Rechnet man zum Mars 40 Grad, also die Hälfte des Winkelabstandes, dazu, so erhält man im Tierkreis 5 Grad Zwillinge, nämlich die Halbsumme von Mars und Venus.

Steht nun ein Planet auf 5 Grad Zwillinge, z. B. Merkur, so steht dieser in der Halbsumme von Venus und Mars. Geschrieben wird das in der Astrologie so: Merkur=Mars/Venus.

Dafür gibt es zwei Deutungsmöglichkeiten:

1) Merkur wird von der Mars- und der Venuskraft in seiner Entwicklung beeinflusst, er muss beide Faktoren in seinen Entfaltungsprozess mit einbeziehen.

2) Merkur stellt den Verbindungspunkt zwischen Mars und Venus dar, er symbolisiert die Kraft (Kommunikation, geistige Beschäftigung), die es dem HE am besten ermöglicht, Venus und Mars in sich zu vereinen und zu leben.

Letztere Version finde ich persönlich die interessantere und deshalb habe ich die Halbsummen auch dem Venusthema zugeordnet. Planeten auf der Halbsumme zwischen zwei Planeten geben Auskunft darüber, wie diese Planeten miteinander vereint werden können, wo ihre Verbindungsstelle ist.

Neben den direkten Halbsummen, die gerade beschrieben worden sind, gibt es noch drei weitere Formen von Halbsummen:

A) Die direkte Halbsumme, die entsteht, wenn der gleiche Punkt im Tierkreis sowohl Halbsumme von zwei Planeten wie auch von zwei anderen Planeten ist.

B) Die indirekte Halbsumme, die entsteht, weil ein Planet einen Spannungsaspekt (45, 90, 135, 180 Grad) auf die Halbsumme zweier Planeten bildet (und somit in Spannung zu der Verbindungsstelle steht).

C) Die indirekte Halbsumme, die entsteht, wenn die Halbsumme zweier Planeten einen Spannungsaspekt zu der Halbsumme zweier anderer Planeten bildet. - Experimentieren Sie mit dieser Technik der Astrologie.

5. WAAGE-VENUS-ANALYSE UND – SYNTHESE VON ROGER MOORE

Geboren 14.10.1927, 1.00 Uhr GMT, London

☉	19°41'12	♎
☽	04°08'46	♊
☿	13°47'59	♏
♀	11°26'55	♍
♂	21°57'49	♎
♃	25°47'45 r	♓
♄	04°36'20	♐
♅	00°42'07 r	♈
♆	28°31'14	♌
♇	17°09'08	♋
☊	20°33'31 r	♊
⚷	04°23'53 r	
☽	24°54'25	♎
Ac	22°23'36	♌
Mc	08°48'15	♉

H2	11°11'56 ♍	H3	05°55'00 ♎	H11	18°09'14 ♊	H12	24°05'33 ♋

I. ANALYSE

1. Basis 7. Haus

1. Im 7. Haus steht das TKZ Wassermann.
2. Kein eingeschlossenes Zeichen.
3. Keine Planeten im 7. Haus.
4. Das Aktionsfeld des Herrschers des 7. Hauses Uranus ist im Widder im 8. Haus.
5. Aspekte des Uranus: Sextil Mond, Anderthalbquadrat Merkur, Konjunktion Jupiter, Trigon Saturn, Quinkunx Neptun.

2. Basis Waage

1. Das TKZ Waage steht im 3. Haus.
2. Im 3. Haus stehen Sonne, Mars und Lilith.
3. Das Aktionsfeld der Herrscherin Venus befindet sich in der Jungfrau im 2. Haus. Dort findet die Gesamtheit des 3. Hauses einschließlich der darin befindlichen Planeten ihren Niederschlag.

3. Weitere Unterstützungen der Waage-Venuskraft

1. In der Waage stehen Sonne, Mars und Lilith.
2. Die Sonne kommt aus dem 1. Haus, Mars hat seine Basis im 9. Haus.
3. Aspekte der Sonne/Mars-Konjunktion: Anderthalbquadrat Mond, Halbquadrat Saturn, Quadrat Pluto, Konjunktion Lilith, Sextil AC, Trigon Nordknoten.
Aspekte Lilith: Konjunktion Sonne, Halbquadrat Venus, Konjunktion Mars, Quinkunx Jupiter, Sextil Neptun, Sextil AC, Trigon Nordknoten.

4. Aspekte der Venus

Venus Quadrat Mond, Sextil Merkur, Quadrat Saturn, Halbquadrat Lilith, Trigon MC.

5. Das Personar der Venus

6. Status quo und Prognose

Unter diesem Analysepunkt werden folgende Prognose-methoden empfohlen: Transite des Mars, Jupiter, Saturn, Uranus, Neptun und Pluto auf den jeweiligen Planeten (hier Venus) im Orbis von 3 Grad; die Position des Planeten (hier Venus) im Solar (da der Aufenthaltsort des Analysierten der A-Frage unbekannt ist wird zur Übung der Geburtsort als Grundlage des Solars genommen) und seiner Aspekte im Solar, sowie seiner Position im Radix, sowie der Aspekte der Solarposition zu den Planeten im Radix (Orbis 3 Grad) sowie der Transite zu seiner Solar-position; die Stellung der (hier) progressiven Venus und, falls vorhanden Aspekte zu anderen progressiven Planeten (Orbis 1 Grad), und Transite der laufenden Planeten (von Jupiter, Saturn, Uranus, Neptun, Pluto) auf die (hier) pro-gressive Venus (Orbis 3 Grad).

II. SYNTHESE

Der Wassermann-DC lässt auf den Wunsch nach ausreichend Freiraum im Beziehungsleben schließen, nach Distanz und die Verwirklichung einer ungewöhnlichen Partnerschaftsform. Diese kann sich als Mehrfachbesetzung, Homo/Bisexualität bis hin zu einer wirklich freien Beziehung äußern, die auf der inneren Befreiung von Hemmungen, Selbstbegrenzungen und zu festen Fixierungen und Vorstellungen beruht. Es herrscht eher ein freundschaftlicher Ton vor als denn eine hohe Intensität, extremer Tiefgang oder eine Bindung, bis dass der Tod uns scheidet.

Die Umsetzung dieses DC zeigt ihren Niederschlag besonders in Moores Fähigkeit zum immer wieder mutigem (Uranus im Widder) Ausbruch aus zu fixen Bindungen (auch an Ideen o.a.) und zu festen Lebensprinzipien (Uranus im 8. Haus). Hat er eine uranische Beziehung im Hintergrund, kann er es umso besser wagen (Widder), seine inneren, schwarzen Abgründe auszuleuchten (8. Haus), sich mit ihnen auszusöhnen und damit eine Befreiung und Lösung von äußeren Abhängigkeiten plutonischer Natur (Macht/Ohnmacht) zu erreichen. Uranus in 8 ermöglicht ihm, immer wieder zu enge Verstrickungen hinter sich zu lassen und in eine neue (durch die Konjunktion zu Jupiter auch geistige) Dimension zu springen, die ihm weitere Horizonte eröffnet.

Je besser er eine für ihn stimmige Manifestation seiner Partnerwünsche realisiert hat, die sich natürlich immer wieder ändern wird, umso mehr gelingt es ihm, sich von überholten festen Bindungen und Vorstellungen frei zu machen (Uranus in 8) und sich letztendlich seine Unabhängigkeit zu verstärken, indem er auch den Kontakt mit seiner Schattenseite nicht scheut. Gleichzeitig lebt er auch gerne im Abstand zu dem dunklen Grollen in seinem Inneren. Er wird sich nie exzessiv in etwas hineinsteigern und hat auch als Krimidarsteller (8. Haus; Sonne/Mars-Quadrat-Pluto) noch immer ziemliche Distanz zu den Dingen, die er aufklärt, lässt sich bestimmt nicht hinabreißen oder hineinziehen. Immer schön freundlich (und oberflächlich) bleiben.

Das TKZ Waage im 3. Haus verweist erneut auf ein "luftiges" Verständnis von Partnerschaft. Immer locker bleiben, immer einen flotten und charmanten Spruch auf den Lippen, bloß nicht festlegen. Diese Haltung konnte er bestens als James Bond, Simon Templar wie auch die adlige Ausführung des smarten Detektivs als Lord Sinclair in "Die Zwei" ausleben. Er zeigt sich (3. Haus) stets von seiner besten und netten, freundlichen Seite. Selbst dann noch, wenn er jemanden niederschlägt, lässt er sich nicht zu unnötigen Emotionen und radikalen Auftritten hinreißen und hat er sich gleich wieder unter Kontrolle.

Er macht sich bestimmt nicht unnötig schmutzig und achtet darauf, dass das Haar auch gleich wieder an der richtigen Stelle sitzt. Ein smarter Junge wie er im Buch steht, immer gestylt, kultiviert und voller Charme (Sonne und Mars in der Waage). Zwar wird die Sonne-Mars-Konjunktion durch Lilith als dritte im Bunde von weiblicher Totalität und Rabiatheit in die Saftigkeit des Lebens, dem immer auch der Tod innewohnt, gezogen, doch hält sich dies in der Waage im 3. Haus doch auch wieder in Grenzen: das freundlich lächelnde, smarte Patriarchat neben der Absolutheit einer autarken, tiefgründigen Frau. Die Mädchen, die ihm im Film zur Seite standen, spielten zwar zum Teil recht dümmliche Püppies, die aber dennoch auch mit allen weiblichen Wassern gewaschen waren.

Seine Beziehungen brauchen also geistigen Austausch (3. Haus) und müssen ihm die Möglichkeit bieten, in seiner tollen Waage-mäßigen Manneskraft aufzutreten (Sonne/Mars in der Waage). Auch der Sex sollte noch harmonisch und kultiviert ablaufen, sicherlich immer wieder unterbrochen und vereitelt durch die Eingriffe Liliths, die mehr sehen und erleben möchte als nur Vergeistigung und sanfte Standardgriffe, die nicht den Tatort verlässt, ohne dass Schweiß und alle anderen Säfte zur Genüge geflossen sind und es auch nicht an emotionaler Totalität gefehlt hat (eine Tatsache, die ihn zudem durch den Neptun in 1 bestimmt irritiert und vielleicht auch überfordert). Gleichzeitig steht die nette Sonne-Mars-Konjunktion in der Waage auch im Quadrat zu Pluto, der seinerseits noch ein hohes Maß an animalischen Trieben weckt und ihm seine erotische Ausstrahlung verleiht (unterstützt durch den Löwe-AC).

Die Gesamtheit des 3. Hauses in der Waage gibt die Basis ab für die Entfaltung seiner Jungfrau-Venus im 2. Haus. Jetzt wird es vernünftig, übersichtlich und berechenbar. Er wünscht sich demnach auch eine vernünftige, pragmatische Frau, auf die er sich fest verlassen kann, auch und gerade in den Belangen des Alltags. Unterstrichen wird dieses Bedürfnis durch sein Venus/Saturn-Quadrat. Seine beziehungsmäßige Grundspannung liegt daher in seinem Wunsch nach Unabhängigkeit und Abstand (Wassermann in 7) und nach geistiger Verbundenheit (Waage in 3) verknüpft mit einer "freundlichen Sexualität" (Sonne und Mars in der Waage, allerdings stark intensiviert durch Lilith und das Quadrat zu Pluto) auf der einen Seite und dem Bedürfnis nach einer stabilen (Venus/Saturn), sicheren (Venus in 2) und berechenbaren (Jungfrau-Venus) Beziehung auf der anderen Seite.

Sein Drang, sich von seinen Gefühlen durch den Geist zu distanzieren wird zudem durch den Zwillinge-Mond und den Merkur in 4 unterstrichen. Anderseits auch hier wieder gleichzeitig der tiefe Wunsch nach Zuverlässigkeit, Dauerhaftigkeit und Festigkeit in seinen emotionalen Verbindungen aufgrund der Position des Mondes im 10.

Haus in Opposition zu Saturn in 4. Er braucht lange, bis er gefühlsmäßig jemandem vertraut, selbst wenn er sich gleichzeitig durch seinen auch luftigen Mond sehr locker und easy gibt.

Als Grundanlage verleiht ihm der Löwe-AC das Zeug, aufzutreten, zusammen mit der Waage-Sonne der Dandy per se, immer schmuck, immer galant, immer auch gleich leicht anzüglich (Pluto-Note) und immer flirtend (luftige Seite seiner Waagekraft). Man kann sich bei ihm kaum vorstellen, dass er auch diese erdige Seite bzgl. seines Mondes und seiner Venus hat, die nach so viel Stabilität und auch Treue verlangen. Vielleicht oder offensichtlich überdeckt er diesen bestimmt mit Abweisungserlebnissen verbundenen Teil seiner selbst durch das Zeigen der rein lieblichen, lockeren Beziehungsseite in seinem Wesen.

Als James Bond-Nachfolger von Sean Connery wurde ihm oft vorgeworfen, dass er zu smart und zu nett sei und ihm die anzügliche Tiefe von Connery fehlte. Trotz seines Mars-Pluto-Anteils hat wohl mehr seine Waage durchgeschlagen.

Der Neptun in 1 verleiht ihm Weichheit und Sanftheit in seinem Ausdruck und lässt die Fähigkeit zu Hingabe vermuten, verdeutlicht ein Sehnen nach sehr sensiblem Umgang miteinander vor allem auf körperlicher Ebene (empfindsame Körperlichkeit; manchmal gar nicht in seinem Körper sein wollen, eher abheben, wegspacen).

Stier in 10 verlangt nach Sicherheit im Beruf und genügend finanzielle Stabilität. Daher wohl der Hang zu Serienfilmen, die ihm auf bestimmte Zeit ein sicheres berufliches Engagement und finanzielles Einkommen garantierten. Der Mond in 10 gilt als hervorragende Position, um in der Masse, im Volk anzukommen, das Unterbewusstsein und Gefühl der Menschen anzusprechen und sie dadurch für sich zu gewinnen, was ihm auch bestens gelingt. Er fühlt sich in seiner beruflichen Tätigkeit zuhause.

Pluto im Krebs in 11 greift nochmals die Uranus/Pluto-Thematik des Horoskopes auf, so dass er erneut dazu aufgerufen wird, den ständigen Wechsel zwischen intensiver Bindung (hier emotionaler Art durch Pluto im Krebs) und dem Drang nach Ausbruch aus derselben (11. Haus) bewusst zu leben und auch selbst zu gestalten. Uranus/Pluto verleiht zudem immer eine extreme Note, da beide Planeten sich in keinster Weise um Sicherheiten oder Berechenbarkeiten kümmern und ihm einfach helfen, total seinen Weg zu gehen.

Pluto im Krebs in 11 gibt seiner Gefühlswelt einerseits mehr Tiefe (Pluto im Krebs), aber gleichzeitig sofort auch wieder den Hang nach Distanz und Unverbindlichkeit (11. Haus) - ein ewiges Thema in diesem Menschen, das nicht einfach in sich gelöst werden kann, besonders wenn er sich vielleicht auf nur eine dieser zwei Seiten schlägt und die andere unangenehm von außen präsentiert bekommt. Eine zusätzliche Komponente erhält seine Gefühlswelt durch die Stellung von Krebs in 12 und das Quadrat zwischen Mond und Neptun. Wir haben hier auch einen Romantiker vor uns, der tief innen von der ewigen Verschmelzung mit, ja, mit wem auch immer träumt. Er hat sich für UNICEF engagiert und für den Tierschutz eingesetzt, also sein neptunisches Mitgefühl auch praktisch eingebracht. In seinem Privatleben war Moore vier Mal verheiratet.

6. ANALYSEBOGEN WAAGE-VENUS

Grundeigenschaften

Aufbau seiner Art der Partnerschaft
Harmonie und Ausgleich schaffen
Attraktivität und Schönheit für sich definieren
Sinn für Stil, Kunst und Ästhetik

1. Basis 7. Haus

1. Welches Tierkreiszeichen steht im 7. Haus?
2. Kommt ein eingeschlossenes Zeichen im 7. Haus zur Basis hinzu?
3. Stehen Planeten im 7. Haus?
Aus welchem Haus kommen sie, d.h. welche Basis von ihnen muss entwickelt werden?
4. Wo ist das Aktionsfeld des Herrschers des 7. Hauses? D.h. wo schlägt er sich in erster Linie nieder?
5. Welche Aspekte wirken auf ihn? d.h. mit welchen Planeten muss er zusammenarbeiten?

2. Basis Waage

1. In welchem Haus steht das Tierkreiszeichen Waage?
2. Welche Planeten stehen in diesem Haus?
3. Wo ist das Aktionsfeld der aktiven Instanz Venus als Herrscherin des TKZ Waage? Wo übt demnach die zweite Basis ihren stärksten Einfluss aus?

3. Weitere Unterstützungen der Waage-Venuskraft

1. Welche Planeten stehen im TKZ Waage?
2. Wo ist deren Basis (Herkunftshaus), die zu ihrer Stärkung aufgebaut werden muss?
3. Welche Aspekte beschreiben sie?
4. Welche Aspekte empfängt der DC?

4. Aspekte der Venus

1. Welche Planeten wirken auf sie ein? Mit wem muss sie für ihre Entfaltung Kompromisse eingehen?

5. Das Personar der Venus

1. Wie sieht das eigene Horoskop der Venus aus?

6. Status quo und Prognose

1. Welche Planeten wirken zur Zeit auf die Venuskraft im Horoskop ein (Transite)?
Wo steht die Solar-Venus für dieses Jahr?
Welche wesentlichen Aspekte bestehen zwischen Solar-Venus und Radix (Orbis 2 Grad)?
Welche wesentlichen Transite wirken auf die Solar-Venus ein (von Transit-Jupiter bis Transit-Pluto)?
5. Wo steht die progressive Venus zur Zeit?
Bestehen Aspekte zwischen dem Radix-Horoskop und der progressiven Venus (Orbis 1 Grad)?
Welche Transite wirken auf die progressive Venus ein (von Transit-Jupiter bis Transit-Pluto)?

7. WAAGE-VENUS - FRAGEBOGEN

SELBSTANALYSE

Erarbeiten Sie als erstes Ihre Waage-Venusanalyse gemäß des Analysebogens .

Attraktivität und Schönheit

1. Was waren bisher für Sie Maßstäbe und Kriterien für Schönheit?

2. Was macht laut Ihrer Venusanalyse Ihre persönliche Art der Anziehungskraft aus?

3. Was heißt für Sie konkret sich schön machen und sich herausputzen, wenn Sie Ihre Venuskräfte betrachten?

4. Welche Eigenschaften, Fähigkeiten und Qualitäten könnten Ihrer Meinung nach noch besser entfaltet werden, um das Gefühl, auf Ihre individuelle Weise attraktiv zu sein, noch zu fördern?

5. Formulieren Sie dazu die ersten konkreten, machbaren Schritte, die Sie in Angriff nehmen wollen.

Beziehungsart

1. Malen Sie sowohl mit der rechten als auch mit der linken Hand ein spontanes Bild zum Thema Beziehungen in Ihrem Leben.

Geben Sie beiden Bildern einen Namen.
Notieren Sie dazu ohne Einmischung und ohne Zensur Ihre Gedanken und Gefühle.

2. Visualisierungsübung:
Legen Sie sich am besten bequem an einen ungestörten Ort und schließen Sie die Augen. Atmen Sie ruhig tief ein und aus und stellen Sie sich vor, bei jedem Ausatmen ein Stück mehr des Alltags mit loszulassen und immer mehr mit sich selbst alleine, ruhig und entspannt mit geschlossenen Augen auf dem Rücken zu liegen.

Lassen Sie nun, ohne sich einzumischen, Bilder auftauchen zu dem, was Sie sich als Traumpartner und Traumbeziehung vorstellen. Lassen Sie sich vollkommen darauf ein, was Ihnen dargeboten wird, wozu Sie angeregt werden, was geschieht, wenn Sie mit diesem Traummenschen zusammentreffen.

Genießen Sie dieses Zusammensein, solange Sie möchten, mindestens jedoch 5 Minuten (nicht nur eine!). Schwelgen Sie in Ihrer Traumbeziehung.

Dann stellen Sie sich vor, dass plötzlich ein Vorhang fällt und Sie von Ihrem Geliebten trennt. Sie bleiben alleine zurück. Versetzen Sie sich ebenso lange in diese neue Situation.

Fragen dazu:

Lesen Sie sich folgende Fragen bitte erst nach der Visualisierungsübung durch:

1. Wie hat sich Ihr Traumpartner dargestellt?

2. Was stand bei dem Zusammentreffen im Vordergrund?

3. Wie konnten Sie die Gaben, die Ihnen entgegenge-
bracht wurden, annehmen?

4. Welche Rolle haben Sie bei diesem Zusammensein ge-
spielt?

5. Was haben Sie völlig Neues von sich gesehen und gelernt?

6. Wie sah der Vorhang aus, der herabfiel?

7. In welchen Zustand hat die Trennung Sie versetzt?

8. Wie haben Sie sich gefühlt, wie haben Sie reagiert?

9. Welche Entscheidung haben Sie vielleicht getroffen?

10. Wenn Sie sich Ihre Venus-Analyse betrachten, welche
Zusammenhänge können Sie mit dieser Reise zu sich
nachhause erkennen?

11. Wo glauben Sie, laufen in Ihrem Beziehungsleben
passive, wo aktive Manifestationen ab?

12. Welche ganz konkreten Weiterentwicklungen streben
Sie an?

13. Wie sehen die ersten Schritte in diese Richtung aus?

Zeichen für Liebe

1. Was sind gemäß Ihrer Venus-Analyse die wichtigsten Zeichen, um Liebe und Zuneigung auszudrücken?

2. In welchem Maß bringen Sie diese Ihrem Partner oder anderen geliebten Personen gegenüber unmissverständlich zum Ausdruck?

3. Könnten Sie diese Fähigkeit noch mehr ausschöpfen und entwickeln?
4. Wenn ja, in welcher Weise?

Die Weiblichkeit

1. Was macht astrologisch betrachtet Ihre Form der Weiblichkeit (die Frau, die Geliebte, die weibliche Seite - eher erotischer Natur, im Gegensatz zur mütterlichen des Mondes - im Mann und in der Frau) aus?

2. Wie setzen Sie sie derzeit um?

3. Haben Sie das Bedürfnis, Veränderungen, Weiterentwicklungen, andere Formen zu probieren?

4. Wenn ja, wie sehen die ersten Schritte dazu konkret aus?

Herstellung des inneren Gleichgewichtes

1. Welches sind gemäß Ihres Horoskops die wesentlichen Möglichkeiten, um Ihre innere Harmonie wiederherzustellen?

2. Erstellen Sie eine konkrete Liste von Sofortmaßnahmen, die Ihrem Wesen entsprechen, um bei Bedarf zu Ihrem inneren Gleichgewicht zurück zu gelangen.

Weitere Fragen, die Sie nach der Bearbeitung der Beziehungs- und Familienanalyse beantworten können:

1. Welche Ihrer Waage-Venuskonstellationen haben Sie bei den analysierten Personen wiedergefunden?

2. Wie verwirklicht diese Person die jeweilige Konstellation und wie sieht Ihre Art der Umsetzung aus?

3. Von wem haben Sie Teile Ihrer Waage-Venuskraft von außen leben lassen bzw. diese auf ihn projiziert?

4. Auf welche konkrete Weise können Sie diese wieder in Ihr Leben zurückholen? Wie können Sie sie selbst aktiv und bewusst in Ihrem Leben verwirklichen?

BEZIEHUNGS- UND FAMILIENANALYSE

Erarbeiten Sie eine Waage-Venusanalyse (bitte nicht am gleichen Tag) für A) Ihre Mutter, B) Ihren Vater, C) einen wichtigen Partner in Ihrem Leben, D) für eine weibliche Person (eher der fraulichen, als der mütterlichen Natur), die eine wesentliche Rolle in Ihrem Leben spielt (die Sie anzieht oder abstößt).

Beantworten Sie darauf jeweils folgende Fragen:

1. Was kennzeichnet die Attraktivität dieser Person?
Wie zeigt sie sie in ihrem Leben?
Was würden Sie ihr zusätzlich raten oder als Veränderung vorschlagen?

2. Welche Beziehungsmuster trägt diese Person als Anlage in sich?
Wie setzt sie sie bevorzugt um?
Was wären Ihre Vorschläge, um vielleicht noch mehr eine aktive, bewusste Manifestation zu gestalten?

3. Was sind die wichtigsten Zeichen für Liebe für diesen Menschen?
Wie bekommt er diese real gezeigt und wie bringt er sie selbst zum Ausdruck?
Welche Anregungen könnten Sie ihm bieten?

4. Was sagt seine Venus-Analyse über seine Weiblichkeit aus?
Wie meinen Sie, zeigt sich diese in seinem Leben?
Was würden Sie zusätzlich vorschlagen?

5. Welche Methoden können Sie dieser Person zur Wiederherstellung ihres inneren Gleichgewichtes aus astrolo-

gischer Sicht her benennen?

ANREGUNG ZUR STÄRKUNG DER WAAGE-VENUSKRAFT

Wählen Sie Ihren wichtigsten Punkt des Zeichens für Zuneigung und Liebe aus, konkretisieren Sie ihn für Ihr momentanes Leben und versorgen und verwöhnen Sie sich 21 Tage lang selbst damit.

8. LÖSUNGEN

ÜBUNGEN A

1. Aktivität, Tatkraft, Durchsetzungsvermögen, Sportlichkeit, Impulsivität, Initiativefreudigkeit, Risikobereitschaft, Mut.

2. Sport, Sex, andere körperliche Aktivitäten, Neuanfänge starten, Bewegung, Wut und Aggression zeigen, ihren Dickkopf durchsetzen.

3. a. Venus im Widder im 3. Haus:
Beziehung, in der sehr viel verbaler Zündstoff und Durchsetzungswille vorhanden ist; in der Zuneigung wie auch die körperlichen Bedürfnisse direkt und ehrlich in Worte gefasst werden; in der eine geistige, kämpferische Verbundenheit herrscht; in der Streits ohne Probleme möglich sind und der Ärger sofort verbalisiert werden kann; in der gemeinsame Aktivitäten und Initiativen im geistigen Bereich möglich sind und getätigt werden.

b. Venus in Konjunktion zur Sonne im Widder im 2. Haus:
Beziehung, in der die Selbstentfaltung der Partner im Vordergrund steht; die sehr individuell ist; in der gemeinsame kreative Aktionen machbar sind; in der man im eigenen Unternehmen zusammenarbeitet; auf die man stolz sein kann, die das eigene Selbstbewusstsein hebt, in die man jedoch auch seine Souveränität einbringt; in der man sich mit Hilfe der Entfaltung seiner Einzigartigkeit durchsetzt; die etwas Besonderes ist; in der man völlig neuarti-

ge selbständige Unternehmen aufzieht; in der man für Eigenständigkeit kämpft.

c. Venus im Widder in Opposition zum Mond in der Waage:
Eine kampfes- und körperlichkeitsorientierte Partnerschaft, in der man Aktivität und Herausforderungen benötigt und sich gegenüber dem anderen durchsetzen will, die in gleichberechtigte Verbindung gebracht werden muss mit dem Wunsch nach einem harmonischen Zuhause und einer emotionalen Verbindung, in der sehr viel Rücksicht und Entgegenkommen vorherrscht. Es ist wichtig, sich nicht auf eine Seite zu schlagen, sondern einerseits ein schönes Heim einzurichten und gefühlsmäßig auf den anderen zuzugehen, Kompromissbereitschaft an den Tag zu legen und dennoch auch die Möglichkeit zu bieten, sich ab und an zu streiten, dass die Fetzen fliegen oder zusammen einen gemeinsamen Kampf für eine Sache auszufechten oder Initiativen zu ergreifen.

ÜBUNGEN B

1. Durch klar erkenntliche, greifbare Gaben, materielle Geschenke; jede Form von Sicherheit bis hin zur Heirat; durch das Gefühl, sich in der Beziehung niederlassen und gemeinsam eine solide Partnerschaft aufbauen zu können.

2. Sicherheit, Festigkeit, stabile finanzielle Basis, gemeinsam Eigentum erwerben und seinen Besitz ausbauen; gemeinsames Genießen, Schlemmen, sinnlichen und kulinarischen Gelüsten frönen. Verbundenheit auf materieller und Genuss liebender Ebene.

3.a. Venus im Stier im 1. Haus:
Sich eine finanzielle Basis erkämpfen; sich mit Durchset-
zungsvermögen und Kampfeskraft abgrenzen; mit Erd-
verbundenheit und Sicherheitsorientierung kämpfen und
Neuland betreten; Pilotprojekte im Bereich Genussfreude,
Bankwesen, Geldanlagen, Immobilien starten; sich mit
ihrer Sportlichkeit, Dynamik und Durchsetzungskraft ihr
Geld verdienen.

b. Venus im Stier im 6. Haus:
Die Sicherheit liebende, finanzkräftige Arbeiterin
und/oder Analytikerin; durch hohen Einsatz von Arbeit
und Vernunft ihr Geld verdienen und sich das Gefühl von
Sicherheit verschaffen; analytische Fähigkeiten oder den
Bereich Reinigung und Gesundheitswesen als Ausgangs-
punkt für die Schaffung einer materiellen Basis nutzen;
ihre Arbeit genießen können.

c. Venus im Stier im Quadrat zur Sonne im Löwen:
Sich ein hohes Sicherheitsmaß erarbeiten sowie eine solide, materielle Grundlage schaffen mit dem Hang zur Rou-
tine und Bequemlichkeit (Hauptsache sicher) in Verbindung mit dem Drang nach Selbstbewusstsein und Souveränität, danach, sich ein Denkmal zu setzen und um jeden
Preis (auch wenn es Unsicherheit in sich birgt) ihre besonderen, einmaligen Qualitäten zu entfalten und zu präsentieren. Die Spannung zwischen Sicherheitsstreben und
dem Wunsch nach glanzvollem Selbstausdruck muss
durch gleichberechtigte Behandlung beider Parteien konstruktiv umgesetzt werden oder man verbindet sie: man
verdient z. B. sein Geld durch ein eigenes Unternehmen
oder gewinnt Selbstbewusstsein durch den Erwerb von
Eigentum.

d. Venus im Krebs im 2. Haus:
Die Entwicklung der Fähigkeit zur Innenschau und dazu, ihre Gefühle sowie Empfindsamkeit zu zeigen, ihre Art des Wohnens und der Familie, ihr gemütliches Zuhause, ihr fürsorgliches Wesen bieten ihr die Möglichkeit, sich sicher zu fühlen und ihr Geld zu verdienen; der Familienmensch mit Geld in der Tasche; mit Hilfe der erworbenen finanziellen Basis sich ein Heim und einen Ort des Rückzugs, der Zusammenkunft mit eng vertrauten Menschen, zum Austausch von Gefühl und Zärtlichkeit schaffen.

ÜBUNGEN C

1. Ihr Wissen, ihre Informiertheit, ihre Leichtigkeit, ihre geistige Beweglichkeit, ihre Redegewandtheit und sprachlichen Fähigkeiten, ihre Kontaktfreude.

2. Durch Reden, Schreiben, Lernen, jede Form der Kommunikation, Wissen ansammeln und weitergeben, Kontakte knüpfen.

3.a. Venus in den Zwillingen im 10. Haus:
Eine Beziehung, die auf geistiger und/oder beruflicher Verbundenheit beruht; in der ernsthafte Gespräche möglich sind; in der Kommunikation, Kontakt, Austausch, Wissen gemeinsam beruflich umgesetzt werden; in der Stabilität und Ordnung herrscht, insbesondere durch eine klare Sprache und ausreichend Austausch.

b. Venus in den Zwillingen im Trigon zum Wassermann:
Die Freude am Reden und anderweitigen Austausch, geis-

tiger Verbundenheit und Anregung in der Beziehung lässt sich harmonisch verbinden mit dem Antrieb und Bedürfnis nach Freiheit, Freundschaftlichkeit und Ungewöhnlichkeit; der ausgeprägte sprachliche Austausch in der Partnerschaft, das offene, kontaktfreudige Paar passt gut zu den Aktionen in einer Gemeinschaft und mit Freunden.

c. Venus in Konjunktion zum Mond im dritten Haus:
Die Beziehung beruht nicht nur auf einem Bedürfnis nach emsiger Aussprache und geistiger Verbundenheit, sondern ist eng verknüpft mit einer gefühlsmäßigen Verbindung, die ebenfalls auf der geistigen Wellenlänge und der Fähigkeit, sich ausgeprägt verbal auszutauschen, basiert. Sowohl Partnerschaft als auch seine Art der Familie und des Wohnens sind eng an Geist und Sprache geknüpft und gut miteinander vereinbar. Es wird viel über Gefühle und Partnerschaft nachgedacht und geredet, was die beiden verbindet.

ÜBUNGEN D

1. Weichheit, Empfindsamkeit, mütterliche Fürsorge, Zärtlichkeit, Familiensinn, Kinderliebe, Hingabe, Empfänglichkeit.

2. Sich ein gemeinsames gemütliches Zuhause schaffen, sehr viel Zärtlichkeit und Schmuseeinheiten, sich selbst als Paar genug zu sein, viel Zeit bei sich zuhause verbringen, sehr viel Gefühl investieren, eine Familie gründen wollen, Geborgenheit und emotionale Sicherheit vermitteln.

3.a. Venus im Krebs im 3. Haus:
Schaffung eines kuscheligen, gemeinsamen Heimes, in
dem viel zusammen geredet, diskutiert, gelesen und geistig gearbeitet wird; eine Familie aufbauen, in der Sprache,
Austausch und Geist eine große Rolle spielen; Vertrautheit und Geborgenheit durch Reden und geistige Verbundenheit.

b. Venus im Krebs im Sextil zum Mond im Stier:
Der Wunsch nach einer gefühlsgetragenen und sehr hei-
meligen, zärtlichen Beziehung kann gut vereinbart werden
mit der Fähigkeit, für emotionale Sicherheit und Bestän-
digkeit zu sorgen.

c. Venus im Krebs in Opposition zur Sonne im Steinbock:
Die Beziehung voller Emotionalität und Empfindsamkeit
mit dem starken Bedürfnis nach Heim und Familie, nach
Vertrautheit und Entspannung muss in Einklang gebracht
werden mit dem Wunsch nach Selbstentfaltung durch klare Ordnung, Struktur, Leistungsorientierung, Ehrgeiz und
Beruf. Es muss beiden Persönlichkeitsanteilen ähnlich
gleicher Raum im Leben geboten werden, um die Spannung zu entschärfen, bzw. das Selbstbewusstsein aus Beruf und Ordnungsfähigkeit wird in die Beziehung einfließen, wie auch die weiche, versorgende Note der Partnerschaft den Selbstentfaltungsprozess innerhalb des Berufes
beeinflussen wird.

d. Venus im Widder im 4. Haus:
Eine Beziehung, in der das Schlachtfeld das Zuhause und
die Gefühlswelt abgeben; oder gemeinsamer Kampf für
bestimmte Ziele und Pilotprojekte in Bezug auf Familie,
Wohnen und Bauen, Ernährung; Beziehung im Kampf
gegen die übliche Weiblichkeit und das vorgegebene Familienleben und Wohnen; Beziehung, in der jedoch auch

die Tendenz besteht, Aggressionen und notwendige Streits zu unterdrücken, in sich hineinzufressen und sich auf den Magen schlagen zu lassen.

ÜBUNGEN E

1. Ihre einzigartigen Qualitäten erkannt und entfaltet zu haben sowie das daraus resultierende reale Selbstbewusstsein; ihr hohes Maß an Kreativität und Eigenständigkeit; ihre Souveränität.

2. Eine kreative Partnerin, die auch aus ihrer Beziehung etwas Besonderes und ihre Persönlichkeit Spiegelndes machen möchte; eigenständig, managend, gestaltend, viel Aufmerksamkeit, Lob und Schmeicheleien benötigend.

3.a. Venus im Löwen im 6. Haus:
Einer selbständigen, kreativen oder künstlerischen Arbeit nachgehen; sich in der Arbeit verwirklichen; mit Vernunft ihre Selbstentfaltung vorantreiben; eine Arbeit finden, die ihr Selbstbewusstsein verleiht und ihre Einzigartigkeit zum Ausdruck bringt; auf ihre besondere Weise die Lebensumstände nutzen und verwerten können; durch Reinigung (innen und außen) und Gesundheitsbewusstsein ihr Selbstbewusstsein steigern.

b. Venus im Löwen im 10. Haus:
Einen Beruf wählen, in dem sie eigenständig arbeiten kann oder sogar selbständige Unternehmerin ist, in dem Kreativität und Künstlertum, also schöpferischer Selbstausdruck gefragt sind; im Management, in der Organisati-

on, in leitender Position. Ordnung, Struktur und eine klare, realistische Zielsetzung in ihre Form und Weise der Selbstentfaltung bringen. Durch die Verwirklichung und Präsentation ihrer einmaligen Qualitäten in Beruf und Gesellschaft souverän und selbstbewusst auftreten können.

c. Venus im Löwen im Trigon zum Mars im Widder:
Das selbstbewusste, eigenständige Auftreten in der Beziehung sowie deren besondere Gestaltung oder das kreative Zusammenarbeiten mit dem Partner lassen sich harmonisch mit der starken Durchsetzungs- und Tatkraft des Mars verbinden.

d. Venus im Stier im 5. Haus:
Ihr Geld mit Kreativität, Kunst und/oder einem selbständigen Unternehmen verdienen; sich aufgrund der Entfaltung ihrer Einmaligkeit sicher fühlen und abgrenzen können; ihre schöpferische Seite als Genuss erkennen und entwickeln; reich sein durch Kreativität und Einzigartigkeit.

ÜBUNGEN F

1. Ihre gepflegte Erscheinung, ihre innere und äußere Aufgeräumtheit, ihr Gesundheitsbewusstsein; die Fähigkeit, ihren Dienst und ihre Arbeit zu leisten; ihre analytischen Fähigkeiten; ihre Exaktheit; ihr Unterscheidungsvermögen; ihre Achtsamkeit.

2. Arbeit, Analyse, Vernunft, Verwertung und Nutzung der Lebensumstände; Dienstbarkeit; Sauberkeit und Gepflegtheit; innere und äußere Reinigung; Gesundheitsbe-

wusstsein; Wahrnehmungs- und Achtsamkeitsübungen.

3. a. Venus in der Jungfrau im 3. Haus:
Eine starke geistige Verbundenheit durch gemeinsames
Vernünftigsein und emsige Aussprachen; die Partner analysieren pausenlos die Beziehung und sich selbst darin;
ausgeprägter Austausch über die Arbeit des Einzelnen
oder gemeinsame Arbeitsbereiche; Erkennen, dass eine
Beziehung Arbeit heißt; gemeinsames Arbeiten im geistigen Bereich (Kommunikation, Wissen, Kontakte, Sprache); Verbundenheit durch das Bedürfnis, einen Dienst zu
leisten und sich selbst dabei zurückzustellen; großer Abstand zur Gefühlswelt.

b. Venus in der Jungfrau im 4. Haus im Trigon zum Mond
im Steinbock:
Das Bedürfnis nach einer vernunftgeprägten, erdverbun-
denen Beziehung, in der (ggf. gemeinsames) Arbeiten und
Dienen höher stehen als das Gefühl, lässt sich gut mit dem
sehr stabilitätsorientierten, im Gefühlsbereich nach Festigkeit strebenden Steinbock-Mond verbinden; vernünfti-
ges Beziehungsverhalten verknüpft mit dem Wunsch nach
dauerhafter gefühlsmäßiger Verbundenheit.

c. Venus in Konjunktion zur Sonne in der Jungfrau:
Liebe und Selbstentfaltung in und durch die Arbeit; eine
durch Arbeit, Gesundheitsbewusstsein, Dienstbarkeit und
Analysefähigkeiten geprägte Partnerschaft, in der man
sein Selbstbewusstsein weiter ausbauen möchte durch den
Ausdruck seiner besonderen, individuellen Eigenschaften;
Aufbau einer speziell gestalteten Beziehung, in der die
Ratio und die Achtsamkeit füreinander das Sagen hat.

d. Venus im Widder im 6. Haus:
Eine Beziehung, in der man sich durch seine Arbeit, seinen kritischen Verstand und seine analytischen Fähigkeiten durchsetzt; in der man mit dem Partner auf neuartigen Gebieten zusammenarbeitet; in der durch Arbeit und Analyse immer neue Impulse gesetzt und Herausforderungen gestellt werden; in der man sich mit Vernunft durchboxt, in der genaue Wahrnehmung und liebevolle Achtsamkeit, besonders im körperlichen, sexuellen Bereich eine wichtige Rolle spielen.

ÜBUNGEN G

1. Ihr Schönheitssinn, Geschmack und Stil; ihr Harmoniestreben, ihr ausgleichendes, vermittelndes Wesen, ihre Freundlichkeit und Kultiviertheit.

2.a. Venus in der Waage im 4. Haus:
Beziehung, die durch Entgegenkommen, Feinheit, Rücksicht, Ausgleich, Freundlichkeit und Harmonie geprägt ist und vor allem zuhause, im Rahmen der Familie, im Austausch von Gefühl, Sanftheit und Zärtlichkeit stattfindet; eine harmonische, sehr emotionale Verbundenheit.

b. Venus in der Waage in Opposition zum Mars im Widder:
Das Bestreben, eine sehr harmonische Partnerschaft aufzubauen, bei der man sich selbst zurückstellt für die Bedürfnisse des anderen oder um Konfrontationen und Streit zu vermeiden, muss in Verbindung gebracht werden (ins Gleichgewicht) mit dem Drang und Trieb, sich um jeden Preis impulsiv und kämpferisch durchzusetzen. Wieder

muss beiden Seiten wenn möglich gleich viel Raum und Zeit zugewendet werden und vor allem sollten beide Seiten als zu sich gehörend integriert werden, anstatt sich auf eine Seite zu werfen und die andere auf den Partner zu projizieren..

c. Venus in der Waage im Trigon zum Mond in den Zwillingen:
Die geistige, offene, auf Begegnung abzielende Art des Partnerdaseins lässt sich konstruktiv mit dem Wunsch nach emotionaler Verbundenheit aufgrund von Kommunikation und Austausch vereinbaren; Freundlichkeit und Entgegenkommen verknüpft mit Gesprächen über Gefühle und das Innenleben.

d. Venus im Löwen im 7. Haus:
Beziehung, in der Kreativität, eine besondere Gestaltung, Eigenständigkeit und der Run nach Aufmerksamkeit, Lobeshymnen und Schmeicheleien im Vordergrund stehen. Man will glänzen in und mit seiner Beziehung. Beziehung, in der man sich gegenseitig in seiner Selbstentfaltung unterstützt, da man sich selbst - als Vorleistung und Voraussetzung - auch schon gefördert und aufgebaut hat.

ÜBUNGEN H

1. Ihre Erotik und Totalität; Leidenschaft und Intensität; Tiefgründigkeit; Macht und Dominanz; alles ohne Unterscheidung und Zensur vom Leben und in sich selbst gesehen und integriert zu haben.

2. Ausschließlichkeit, die Kontrolle verlieren und gemeinsam tief hinabtauchen in seine Abgründe; sich zu verzehren und zu allem für die Beziehung bereit zu sein; Leidenschaft bis über die Schmerzgrenze hinaus.

3. a. Venus im Skorpion im 1. Haus:
Totale Durchsetzung seiner Eigeninteressen und Vorstellungen; absolute körperliche Intensität bis hin zur Gewalttätigkeit; sexuelle Extreme sowie Brechen sexueller Tabus; sehr kämpferische Beziehung bis aufs Messer; sich mit Hilfe der Körperlichkeit ganz tief aufeinander (letztendlich immer auf sich selbst) einlassen; Beziehung basiert stark auf einer leidenschaftlichen Sexualität oder einem leidenschaftlichen Kampf für oder gegen etwas.

b. Venus im Skorpion im Quadrat zum Mond im Wassermann:
Intensive, alles gebende Beziehung, in die man sich mit Haut und Haaren verlieren will, in der man aufs Ganze geht und sich mit all seinen so genannten Negativitäten vertraut machen kann und instinktiv auch will, muss in Verbindung gebracht werden mit dem Bedürfnis nach sehr viel Abstand, Freiheit und Eigenraum im Gefühlsbereich; d.h. es sollte ein bewusst gestalteter Wechsel zwischen absoluter Tiefe und vollkommener Distanz hergestellt werden. Schlägt man sich nur auf eine Seite, wird die andere meist unangenehm durch den Partner ergänzt (Distanz durch Fremdgehen; Intensität durch subtile Manipulation, Dominanz bis hin zur Gewalt).

c. Venus im Skorpion im Trigon zum Mars im Krebs:
Leidenschaftliche, gefühlsintensive Beziehung in absoluter Ausschließlichkeit (Monogamie) lässt sich gut verknüpfen mit dem Antrieb zu Heim und Familie, zu einem

sehr gefühlvollen Zusammensein, mit der sehr gefühlvollen, zärtlichen Sexualität des Krebs-Marses; viel zuhause sein.

d. Venus in den Zwillingen im 8. Haus:
Beziehung mit intensivem geistig-verbalem Austausch, in der über absolut alles gesprochen werden kann, in der im Gespräch alte Tabus gebrochen werden und jeder in Kontakt mit der schwarzen Seite seiner Seele gelangt; leidenschaftliche Diskussionen; Verbalerotik; Wunsch durch sprachlichen Austausch eine sehr tiefe Beziehung aufzubauen.

ÜBUNGEN I

1. Freiraum, Großzügigkeit, gegenseitige Förderung, gemeinsame Bildung oder Bewusstseinserweiterung, gemeinsames Reisen und Kennenlernen fremder Kulturen.

2. Bildungs- und Bewusstseinsstand, Weisheit, Lebensfreude und positive Grund- und Erwartungshaltung; Fähigkeit der Sinnfindung; Weite und Großzügigkeit.

3.a. Venus im Schützen im 2. Haus:
Beziehung mit ausgeprägtem Drang zur Bewusstseinserweiterung, Expansion und Erfüllung, nach ständiger Erweiterung und Weiterentwicklung, die dennoch sicher ist und auf einer soliden, beständigen Basis fußt. Erfüllung durch Genießen und Ansammeln materieller Werte, von Eigentum, ausreichend Finanzen; Beziehung, in der Geld als Glücksbringer betrachtet wird.

b. Venus im Schützen im Quadrat zum Mond in den Fischen:

Das etwas großspurige, nach ständiger Weite und Expansion suchende Partnerverhalten stößt auf das Bedürfnis nach stillem Rückzug, nach Verschmelzung, nach Leben seines Andersseins im eng vertrauten Rahmen oder am liebsten alleine; innerhalb der Beziehung müssen Freiräume bestehen, um sich vollkommen zurückzuziehen und im Alleinsein, einer sensiblen Umgebung erholen zu können (quasi von sich selbst, von seiner Schütze-Venus); oder aber man hat seine großzügige, inspirierende Beziehung und es gelingt, in dieser die Sehnsucht nach Auflösung und sehr empfindsamem Umgang miteinander, nach sehr sanfter Zärtlichkeit zu stillen.

c. Venus in Konjunktion zu Uranus im Schützen

Eine sehr aufregende, abwechslungsreiche, auf immensem Freiraum begründete Beziehung, in der jeder ausreichend Distanzmöglichkeit braucht, in der gar nicht erst eine normale Partnerschaftsform versucht wird; das Maß der Erfüllung durch die Beziehung hängt von ihrem Freiheitsgrad ab; man gönnt dem anderen seine Unabhängigkeit; sehr freundschaftliche, unterstützende Verbindung.

d. Venus im Krebs im 9. Haus:

Heimelige, sehr gefühlvolle und zärtliche Beziehung, bei der durch innere Reisen, durch den Kontakt zur Emotionalität, durch den empfindsamen Umgang miteinander Erkenntnisse gewonnen und das Bewusstsein erweitert werden kann, bei der man sich gemeinsam zuhause weiterbildet und inspiriert oder deren Zuhause sich im Ausland befindet.

ÜBUNGEN J

1. Zuverlässigkeit, Selbstdisziplin, Ordnungsfähigkeit, Struktur und Stabilität schaffend, ausdauernd, geduldig, fleißig, realistisch, - eine klassische Lady.

2. Bereitschaft zu einer dauerhaften Beziehung auch in schwierigen Situationen, Treue, Festigkeit, Verlässlichkeit, Verantwortungsbewusstsein, Ordnung einbringen.

3. a. Venus im Steinbock im 11. Haus:
Eine Kombination, die der vollen Aufmerksamkeit bedarf: erstens soll die Beziehung sicher, dauerhaft, geradlinig und felsenfest sein, zweitens will man die große Abwechslung, viel Unabhängigkeit und eine völlig unkonventionelle Weise der Partnerschaft. D.h., dass sowohl die alleinige Entscheidung entweder für die traditionelle Verbindung oder für sehr viel Luft zum Atmen falsch ist und den abgespaltenen Teil immer von außen unangenehm präsentieren wird (Steinbock- als einschränkend erscheinender Moralist und 11. Haus/Wassermann als Fremdgeher oder Partner, der nie da ist oder die Gemeinsamkeit ständig abrupt unterbricht).
Daher muss eine Kompromisslösung gefunden werden: eine Beziehung, die vollkommen stabil und auf Dauerhaftigkeit angelegt ist, in der aber dennoch beide Parteien genügend Auslauf und Eigenraum haben, in der auch spontane Aktionen für mehr Distanz den anderen nicht zu verunsichern brauchen, da man sich voll und ganz auf die solide Grundbasis der Verbindung verlassen kann. Festigkeit und Ausbruch, stabiles Zusammengehörigkeitsgefühl und Unabhängigkeit müssen sich gesamt gesehen die Waage halten.

b. Venus im Steinbock im Quadrat zum Mond im Widder:
Die erwachsene, feste Beziehungsweise muss Raum lassen für eine sehr impulsive, direkte, ehrliche und in keiner Weise überlegte Emotionalität. Gefühlsausbrüche dürfen nicht aus Angst, die Stabilität der Partnerschaft zu gefährden, unterdrückt werden. Nur die Zusammenkunft beider Kräfte, ihre gleichberechtigte Koexistenz macht eine langfristige, der Persönlichkeit wirklich entsprechende Beziehung möglich.

c. Venus im Steinbock im Trigon zu Mars in der Jungfrau:
Der Wunsch nach einer stabilen, sicheren, dauerhaften Beziehung kann gut gekoppelt werden mit dem Antrieb zu Vernunft und Arbeit, mit der Tatkraft und Aktivität im Arbeitsbereich, mit der Grundmotivation Vernunft und bestmögliche Nutzung der Lebensumstände, um Initiativen zu ergreifen und sich durchzusetzen.

d. Venus im Skorpion im 10. Haus:
Eine absolute Intensiv-Fixbeziehung mit Anspruch auf lebenslängliches Zusammensein; dabei kommen sich jedoch die Wandlungsfähigkeit und das Bedürfnis, ohne wenn und aber, ohne jeden Halt in die schwarze Tiefe hinab zu steigen und seine Intensität zu leben, des Pluto mit der reinen Stabilitätsabsicht und dem Bewahren wollen des Saturn in die Quere. Wesentlich: eine feste, verlässliche Basis als Urgrund für sehr emotionale Leidenschaften.

ÜBUNGEN K

1. Ihre Ungewöhnlichkeit, ihre Spontaneität und Plötz-
lichkeit, ihr hoher Freiheitsgrad, ihre eigenwillige Erscheinung, ihre Buntheit, ihre Hilfsbereitschaft und
Freundschaftlichkeit.

2. Größtmöglichen Freiraum gewähren, Abwechslung,
Durcheinander, Überraschungen, Spontaneitäten in die
Beziehung einbringen.

3.a. Venus im Wassermann im 5. Haus:
Eine äußerst unabhängige, individuell gestaltete Beziehung, in der jeder seinen Freiraum zur absoluten Selbstentfaltung hat, in der ein gemeinsames Unternehmen aufgebaut wird, in der man in chaotischer bzw. höchst origi-
neller Form zusammen kreativ ist, in der die Selbstentfaltung vom erreichten Freiheitsgrad in der Beziehung (=
Freiheit in sich bzgl. seiner Beziehungsmuster) abhängt
und umgekehrt.

b. Venus im Wassermann im Quadrat zum Mond im
Skorpion:
Der große Freigeist und Drang nach Experimenten und
Distanz im Beziehungsleben muss in Verbindung gebracht werden mit dem Bedürfnis nach Ausschließlichkeit
und absoluter Verkettung im emotionalen Bereich. Es
sollte ein Kompromiss zwischen beiden Kräften gefunden
werden, so dass nicht eine zu kurz kommt und ständig
verletzt wird bzw. von außen unangenehm ergänzt zu
werden braucht.

c. Venus in den Fischen im 11. Haus:
Eine völlig an den gewohnten Erwartungen vorbeigehen-
de Beziehung, die sich in keiner Weise vornehmen sollte,
es den anderen "der Masse" gleichzutun.
Es sollte ein ganz eigener Weg gefunden werden mit viel
Abstand und Eigenraum, mit der Fähigkeit zu dem Wech-
selspiel zwischen vollkommener Verschmelzung mit dem
Partner und dem Rückzug in sein Alleinsein.

ÜBUNGEN L

1. Ihre Sensibilität, ihr Einfühlungsvermögen, ihre
Weichheit, ihr Anderssein, sich und den anderen lassen zu
können (sich nicht einzumischen).

2. Durch helfende, heilende, soziale oder künstlerische
Tätigkeiten, durch Rückzug und Alleinsein, durch die
Hingabe an eine überpersönliche Aufgabe; durch die klare
Erkennung und Umsetzung ihrer Träume und Sehnsüchte.

3. a. Venus in den Fischen im 4. Haus:
Eine sehr gefühlvolle, sanfte Beziehung, in der sich das
Paar eine völlig von der Außenwelt abgeschnittene kleine
Insel der Ruhe zuhause (wie in ihren Herzen) gestaltet, in
der sie sich gegenseitig ihre intuitiv erfassten Träume erfüllen, voller Romantik, Sensibilität und Einfühlungsvermögen;
natürlich keine gewöhnliche Verbindung, keine Alltagsbeziehung, aber wenn man sich trifft, dann geht man vollkommen im anderen auf und versteht es, in Stille miteinander zu sein, ohne Ansprüche, sondern einem tiefen

163

Verständnis, dass nicht formuliert oder bewiesen zu werden braucht..

b. Venus in den Fischen im 8. Haus:
Hier ist wieder ein schwieriger Kompromiss gefragt, nämlich zwischen der Fähigkeit, sich zu lösen, den anderen vollkommen loszulassen (Fische) und dem Drang, der Bedingung, dem Prinzip, den anderen voll und ganz zu besitzen und sich einverleiben zu wollen (8. Haus); wird die Beziehung zu fix, werden auflösende Tendenzen in das Beziehungsleben sich einschleichen, wird sie zu wässrig und konturenlos, werden festigende Faktoren auftreten, um wieder den Ausgleich herzustellen; eine Beziehung vielleicht auch mit der Hingabe an Totalität und Leidenschaft, an all das, was aus dem innersten schwarzen Meer auftauchen mag, oder an den Wunsch nach Wandlung und Transformation.

ÜBER DIE AUTORIN

Beate Helm ist Heilpraktikerin und hat über 30 Jahre Erfahrung mit psychologischer Astrologie, feinstofflichen Heilweisen, Körper- und Energiearbeit und Meditation. Sie hat in ihrer Arbeit schon früh Methoden der systemischen Kurzzeittherapie und Horoskopaufstellungen eingesetzt. Ihr fundiertes Wissen hat sie in der vorliegenden Astrologie-Ausbildung strukturiert, spannend und gut verständlich zusammengefasst - für neugierige Laien und für erfahrene Astrologiebegeisterte, die ihre Methoden der astrologischen Arbeit erweitern möchten.

Weitere Publikationen im Satya-Verlag: Astrotherapie * Das Weib im Horoskop – Lilith und die Asteroiden * Astrologie und Meditation * Horoskope deuten * Das Mädchen Namenlos - Ein spirituelles Märchen * Bach-Blüten und Bewusstseinsarbeit * Kalifornische Blüten und Bewusstseinsarbeit * Bach-Blüten und kalifornische Blüten von A-Z – Kompendium * Was Sie schon immer über Astrologie wissen wollten.

Weitere Infos: www.satya-verlag.de